나를
바꿔라

토니 캠폴로 지음

나침반

It's Friday, But Sunday's Comin'
Copyright © by Anthony Campolo
Published by W Publishing Group,
a division of Thomas Nelson, Inc.
ISBN 0-8499-1700-0

Translated and Published by W Publishing Group.
이 책은 저자 혹은 출판사의 허락을 받아 번역·출판합니다.

내가 복음을 부끄러워하지 아니하노니
이 복음은 모든 믿는 자에게
구원을 주시는
하나님의 능력이 됨이라

- 로마서 1장 16절 -

서문

예수님은 우리의 필요를 어떻게 채워주시는가?

나는 로마서 1장에 나오는 "내가 복음을 부끄러워하지 아니하노니"(16절)라는 구절을 좋아합니다. 이 구절은 내가 예수 그리스도의 사역과 메시지를 생각할 때 느끼는 바를 잘 표현해줍니다.

나는 그리스도의 복음을 부끄러워하지 않습니다.

그리스도의 복음은 이 지구상의 모든 인류의 필요를 채워주기 때문입니다. 당신도 그 사실을 발견하기 바랍니다. 당신에게 무엇이 필요하든지 간에 나는 당신에게 전해줄 좋은 소식이 있습니다. 예수님께서 그 모든 필요를 채워주실 수 있다는 사실입니다.

나는 그리스도의 복음을 부끄러워하지 않습니다.

인간들이 직면하는 어떤 상황이나 곤경 가운데 예수님께서 해답을 갖고 계시지 않은 것은 없기 때문입니다. 우리 시대에는 대부분의 사람들이 자신의 필요를 채우고 문제에 대한 해답을 얻기 위해 다른 모든 곳은 살펴보면서도 예수님은 바라보지 않는 것 같습니다.

이 책에서 나는 예수님께서 인간 존재의 가장 중요한 필요들을 어떻게 채워주시는가를 지적해보려고 합니다.

내가 쓴 글은 영화 〈It's Friday, But Sunday's Comin' - 오늘은 금요일이지만, 일요일이 오고 있습니다〉의 일부 내용을 발췌한 것입니다.

이 책의 대부분은 원래 내가 강연했던 내용을 책으로 만든 것입니다.

내가 독자들에게 글을 쓰는 것이 아니라 강연을 하고 있는 것으로 상상하면 더 생생하게 읽으실 수 있을 것입니다.

―토니 캠폴로―

차례

서문 예수님은 우리의 필요를 어떻게 채워주시는가?

CHAPTER 1 '나를 바꿔라' 복음으로! 정신적인 건강과 행복 ~ 9

CHAPTER 2 '나를 바꿔라' 복음으로! 자존감과 자기가치 ~ 29

CHAPTER 3 '나를 바꿔라' 복음으로! 사랑 ~ 69

CHAPTER 4 '나를 바꿔라' 복음으로! 기적 ~ 115

CHAPTER 5 '나를 바꿔라' 복음으로! 인생의 목적 ~ 139

CHAPTER 6 '나를 바꿔라' 복음으로! 소망 ~ 181

CHAPTER 1

'나를 바꿔라' 복음으로!
정신적인 건강과 행복

'나를 바꿔라' 복음으로!
정신적인 건강과 행복

 성경은 한 사람의 과거나 배경이 그 사람에게 가장 중요한 것이 아니라고 가르칩니다. 그보다는 그 사람이 어디로 가고 있으며 어떤 미래를 선택하는가 하는 것이 가장 중요한 것이라고 강조합니다.

나는 사회학자로 밥벌이를 하고 있기 때문에 요즘 사람들이 문제가 생길 때 심리학자나 사회학자들에게 도움을 청하는 것이 매우 흔한 경향들 중 하나라는 사실을 확실히 장담할 수 있습니다.

사회과학이 자신의 문제를 해결해줄 수 있다고 믿는 사람들이 점점 더 많아지고 있습니다.

12 나를 바꾸라

당신이 이런 유행병에 걸려 있다면 나쁜 소식을 한 가지 알려 드리겠습니다. 문제 해결을 위한 사회과학적 접근 방식은 일반적으로 생각하는 것만큼 성공적이지 않다는 것입니다.

이런 방법을 시도해본 사람들은 이 방식이 기대에 미치지 못한다는 사실을 발견하는 경우가 많습니다.

정서장애 치료에 관한 가장 중요한 평가 연구의 하나인 한스 아이젱크(Hans Eysenck)의 연구는 심리적인 문제를 가진 사람에게 정신분석가들과 심리치료사들이 별로 도움이 되지 않을 수도 있다는 사실을 지적합니다.

아이젱크의 보고에 의하면, 정신분석가를 찾아가는 사람들 가운데 1년이 지난 후에 건강해진 사람들의 비율은 44% 정도입니다. 심리치료사를 찾아가는 사람들 가운데는 53%가 1년 안에 회복됩니다. 정신과의사에게 가는 사람들은 61%가 1년 안에 건강해집니다. 그러나 정서적인 문제를 겪고 있으면서도 전문가의 도움을 구하지 않은 사람들 가운데 73%가 1년 안에 회복되었

정신적인 건강과 행복

습니다.

　이런 결과를 접했을 때 나는 몹시 놀랐습니다. 당신이 이런 통계를 보고 나만큼 놀랐는지는 모르겠습니다만 나는 전문 정신분석가들과 심리치료사들이 과연 사람들을 돕고 있는 것인지, 아니면 상태를 더 악화시키고 있는 것인지 의구심을 품게 되었습니다.

　우리가 심리적으로, 그리고 정서적으로 장애를 겪을 때 도움을 받을 수 있을 것으로 기대했던 사람들이 오히려 우리가 겪는 증상을 더 오래 지속시키고 있는 듯합니다.

　당신이 아는 사람들 가운데 정신분석가나 심리치료사의 전문 상담을 받으러 다니지만 아무리 오랜 시간 상담을 받아도 건강하게 회복되지 못한 사람들이 얼마나 많습니까?

　그들 가운데는 전문가들을 찾아다니기 시작한 지 5, 6년이 넘었지만 여전히 일주일에 한 번씩 30분간 치료를 받는 데 25달러 이상을 내고 있는 사람도 있을 것입니다. 그러면서도 나아지는 기미는 거의 보이지 않고 있습니다.

14

나를 바꿔라

당신이 왜냐고 묻는다면 전문 치료사나 상담자들이 흔히 복음의 기본 원리들을 무시하는 경향이 있다는 사실에서 답을 찾을 수 있을 것입니다.

무엇보다도 상담자들이 종종 저지르는 실수가 있는데, 바로 우리의 정서적이고 심리적인 모든 문제의 원인을 과거의 사건들과 상처들에서 찾으려 한다는 것입니다.

그들은 대개 어떤 사람의 과거 배경 가운데 무엇이 그 사람을 현재의 개성을 지닌 인물로 만들었는지 알아내려고 애씁니다. 많은 상담자들이 개인의 역사와 정황이 그 개인의 문제들을 해결하는 데 필요한 모든 실마리들을 제공해준다고 확신합니다.

나는 심리학자 몇 사람을 알고 있는데, 자신을 행동주의자라고 부르는 그들은 소위 '행동 수정 모델'을 옹호하며 이런 사고방식에 탐닉합니다. 그들은 인간이란 과거에 의해 미래가 사전에 결정되는, 사회적으로 조건화된 피조물에 불과하다고 확신합니다. 신(新) 프로이트주의자들도 행동주의자들과 거의 같은 실수를 저지르고 있습니다.

정신적인 건강과 행복

이들 역시 개인의 과거가 그의 운명을 좌우한다는 명제를 지나치게 절대화시키고 있습니다.

내가 대학 강사였을 때 이러한 접근 방식에 깊이 빠져 있는 동료가 한 명 있었습니다. 그는 으레 모든 개인적인 문제들을 어렸을 적에 배변 훈련을 부실하게 한 결과라고 설명하곤 했습니다. 나는 그의 강의실에 몰래 들어가서 그가 자신의 이론을 학생들에게 가르치는 것을 종종 들었습니다. 그렇게 똑똑하고 명석한 사람이 그렇게 멍청한 이론을 늘어놓는 것을 듣는 것보다 더 재미있는 일이 별로 없었기 때문입니다.

그의 이론에 의하면, 어떤 한 사람에 관련된 모든 것은 오로지 배변 훈련의 결과입니다. 그는 강의할 때 침례교 전도자만큼이나 열성적으로 이 점을 역설했습니다. 그는 이렇게 말하곤 했습니다.

"여러분, 사회가 개인에게 하는 요구는 배변 훈련으로부터 시작됩니다. 배변 훈련 때 일어나는 일은 사회가 앞으로 그 개인에게 요구하게 될 모든 것의 예고편입니다. 사회가 누구에게나 맨

16 나를 바꿔라

처음 요구하는 것이 바로 배변 훈련이라는 점을 인지하십시오. 어머니는 사회적 요구의 전달자입니다. 엄마가 아이에게 사회적 요구를 준수하라고 얼마나 간절히 호소하는지 생각해보십시오. '엄마 위해 이렇게 해봐! 엄마 위해 이렇게 좀 해봐!' 하며 아이에게 얼마나 간절히 애원하는지 생각해보십시오.

그러나 아이는 때때로 엄마의 요청에 저항합니다. 아이는 엄마가 바라는 바에 반항하는 것이지만, 그럴 때 사회적 반항심이 이 아이의 마음속에 싹트고 있는 것입니다. 아이는 단호히 '싫어!'라고 말할지도 모릅니다. 엄마가 억세고 확고한 사람이라면 '성공할 때까지 꼼짝 말고 앉아 있어!'라고 요구할 수도 있습니다. 아이는 어쩔 수 없이 그대로 앉아 있습니다.

그리고는 애를 씁니다. 무진장 애를 씁니다. 젖 먹던 힘을 다 합니다. 한참 애쓴 후에 드디어 성공을 합니다. 마침내 사회가 계속 요구해온 선물을 만들어낸 것입니다."

나는 똥을 '선물'이라고 부르는 것을 전에는 한 번도 들어본 적이 없었습니다. 그 강사는 학생들에게 이렇게 외치면서 어리

정신적인 건강과 행복

석음의 극치를 보여주었습니다.

"여러분에게 묻겠습니다. 사회는 그 아이가 만들어낸 선물을 어떻게 합니까?

아이의 노동의 결과물을 어떻게 합니까?

사회가 그것을 보존합니까?

그것을 소중히 여깁니까?

그것을 그 아이의 성취의 상징으로 여깁니까?

아닙니다! 사회는 그것을 물로 씻어 내버립니다. 결국 아이는 자기가 사회를 위해 생산하는 것이 영구적인 의미나 지속적인 중요성이 없다는 사실을 배우게 됩니다."

당신은 이 모든 이야기를 웃어넘길 수도 있겠지만 이 교수는 진지했습니다.

• 과거가 정말로 현재 우리가 누구인가를 결정합니까?

배변 훈련과 같은 유년기의 과정들이 정말로 우리 미래의 행동을 사전에 결정합니까?

18 나를 바꿔라

우리는 특정한 상황에서 특정한 자극에 반응하도록 조건화된 파블로프의 개와 다름없는 존재일까요?

우리는 단지 환경과 조건의 산물에 불과할까요?

나는 그렇게 생각하지 않습니다!

게다가 복음도 그러한 관념을 뒷받침해주지 않습니다. 성경은 우리의 과거가 현재 우리의 모습을 결정한다고 가르치지 않습니다.

오히려 그것과는 아주 다른 것을 가르쳐주고 있습니다.

성경 말씀에 의하면 현재 우리가 누구인지, 무엇인지에 대한 실마리를 쥐고 있는 것은 바로 미래입니다. 과거가 아닌 미래를 개인의 정체성의 가장 중요한 영역으로 여기고 있습니다.

성경을 믿는 사람은 "내가 어디서 왔지?"라고 묻는 것으로 만족하지 않습니다. 그리스도인에게 더 중요한 질문은 "내가 어디로 가고 있지?"라는 질문입니다.

성경은 한 사람의 과거나 배경이 그 사람에게 가장 중요한 것이 아니라고 가르칩니다. 그보다는 그 사람이 어디로 가고 있으

정신적인 건강과 행복

며 어떤 미래를 선택하는가 하는 것이 가장 중요한 것이라고 강조합니다.

정서적인 혼란 상태에 빠져서 당혹스러워하던 학생들이 내 사무실로 찾아온 적이 있습니다. 그들은 방황하고 있었습니다.
실패한 학생들이었습니다. 낙제생들이었습니다.
그들의 안타까운 처지는 대개 그들에게 목적지가 없다는 사실에서 비롯된 경우가 많았습니다.
그들에게는 아무런 목표가 없었습니다.
아무런 포부가 없었습니다.
그들의 삶은 아무런 목적이 없었기 때문에 존재에 대한 의욕이나 의미를 상상할 수 없었습니다.
그들의 미래에는 희망이 빠져 있었습니다.
나는 그런 학생들이 아름다운 목표에 '눈뜨도록' 도와주고 자신의 삶에 훌륭한 목표가 있다고 믿도록 도와줄 수 있다면, 그들이 완전히 바뀌어서 즉시 올바른 길을 찾아나간다는 사실을 발견했습니다.

20 나를 바꿔라

나는 그러한 학생들이 둔하고 따분한 사람에서 역동적인 인격을 지닌 사람, 전인적인 건전한 자아상을 가진 사람, 기쁜 성취의 삶을 향하여 나아가는 사람으로 변하는 것을 지켜보면서 짜릿한 흥분을 느꼈습니다.

당신도 당황하고 산만하고 정서적으로 불안했던 사람이 새로운 사람이 되는 데 전념하기로 결정했을 때 행복하고 균형 잡힌 사람이 된 사례들을 제시할 수 있을 것입니다. 우리가 되기로 선택한 목표에 우리 자신의 현재 모습이 상당히 의존하고 있다는 가설을 뒷받침해주는 증거들이 아주 많습니다. 이것은 복된 소식입니다. 우리는 외부 조건들에 의해 운명이 미리 결정된 피조물이 아닙니다. 우리는 행동을 수정함으로써 자신을 새로운 피조물로 변화시키겠다는 결정을 내릴 수 있습니다.

> 성경은 한 사람의 과거나 배경이
> 그 사람에게 가장 중요한 것이 아니라고 가르칩니다.
> 그보다는 그 사람이 어디로 가고 있으며
> 어떤 미래를 선택하는가 하는 것이
> 가장 중요한 것이라고 강조합니다.

정신적인 건강과 행복

궁극적으로 그리스도인은 새 사람이 되기를 원하는 사람, 그리스도께 자신의 삶을 드리기로 결단하고 기꺼이 그리스도께서 원하시는 사람이 되기로 다짐할 때 새 사람이 될 수 있다는 사실을 깨달은 사람입니다.

그리스도께 온전히 헌신할 때 하나님께서는 성령님을 보내주셔서 그 사람을 강하게 하시고 그 헌신의 결단을 실천할 수 있는 능력을 주십니다. 예수님께서 원하는 사람이 되기로 결심한 사람들은 새로운 피조물이 될 능력을 얻습니다.

"그런즉 누구든지 그리스도 안에 있으면 새로운 피조물이라 이전 것은 지나갔으니 보라 새것이 되었도다"(고후 5:17)

"사랑하는 자들아 우리가 지금은 하나님의 자녀라 장래에 어떻게 될 것은 아직 나타나지 아니하였으나 그가 나타내심이 되면 우리가 그와 같을 줄을 아는 것은 그의 계신 그대로 볼 것을 인함이니"(요일 3:2)

22　나를 바꿔라

내가 상담자들을 적대시하고 있는 것이 아니라는 점을 분명히 하고 싶습니다. 상담은 도움이 필요한 이들을 '세워줄' 수 있도록 성령님께서 특정한 사람들에게 주신 은사라고 성경은 분명히 가르치고 있습니다.

내가 염려하는 것은 너무나 많은 상담자들이 성경에 제시된 것과는 상반되는, 인격에 관한 원리들과 가정들을 기초로 활동을 하고 있다는 사실입니다. 상담자들이 인간을 올바른 결단을 내리기만 한다면 자신을 새로운 피조물로 변화시킬 잠재력을 발휘할 수 있는 존재라고 믿는다면 나는 "만세!" 하고 외칠 것입니다.

하지만 상담이 한 사람의 현재 모습을 결정짓는 과거의 요소

> 우리가 되기로 선택한 목표에
> 우리 자신의 현재 모습이 상당히 의존하고 있다는
> 가설을 뒷받침해주는 증거들이 아주 많습니다.
> 우리는 외부 조건들에 의해 운명이
> 미리 결정된 피조물이 아닙니다.
> 우리는 행동을 수정함으로써
> 자신을 새로운 피조물로 변화시키겠다는
> 결정을 내릴 수 있습니다.

정신적인 건강과 행복

들에 관한 통찰을 통해 건강과 행복을 가져다줄 수 있다는 신념을 바탕으로 행하는 과거의 분석에 지나지 않는 것이라면 나는 이의를 제기할 수밖에 없습니다.

나는 과거가 한 사람의 현재 상태에 영향을 주지 않는다는 말을 하려는 것이 아닙니다. 단지 과거가 한 사람의 현재 상태를 결정짓지는 않는다는 말을 하는 것입니다. 개인이 자신의 운명을 선택할 수 있는 범위에 과거가 영향을 준다는 것은 인정합니다.

분명히 개인의 배경과 개인적인 역사는 우리가 무엇이 될 것인가를 제한합니다.

그러나 우리의 배경이 어떠하든지 우리에게는 선택할 수 있는 많은 길들이 있습니다. 언제나 우리가 선택할 수 있는 대안들이 있습니다.

궁극적으로 우리는 미래를 우리 의지대로 선택할 수 있는 자유를 하나님께로부터 부여받은 피조물입니다.

상담자를 찾아가는 사람들 대부분은 자신의 삶을 바로잡기 위해 스스로 해야 할 일을 이미 알고 있습니다. 상담자는

24 나를 바꿔라

그러한 사람들이 스스로 선택할 수 있는 길들을 더 명확히 볼 수 있도록 도와줄 수 있지만, 좋은 상담자는 절망을 희망으로, 슬픔을 기쁨으로, 혼돈을 평화로 변화시키기로 결심할 수 있는 사람은 오직 자기 자신뿐이라는 진리를 인식할 수 있게 도와줍니다.

예를 들어, 어떤 남자가 내 사무실에 찾아와서 울상을 지으며 이렇게 하소연을 한다고 합시다.

"아, 캠폴로 박사님! 저는 이제 어떻게 해야 할지 모르겠습니다. 제 삶은 정말 엉망진창입니다."

그러면 나는 전문가다운 어조로 묻습니다.

"문제가 뭔가요? 무슨 일이 있었죠?"

그 남자는 이렇게 대답합니다.

"저는 사랑스러운 아내와 행복하게 살고 있습니다. 하지만 동시에 제 비서와 부도덕한 관계를 맺고 있습니다. 저는 두 사람 모두를 사랑하기 때문에 이 곤경에서 빠져나갈 방법이 전혀 없습니다. 마치 지옥에서 살고 있는 것 같습니다."

그러면 나는 이렇게 제안합니다.

정신적인 건강과 행복

"그건 해결하기 어려운 문제가 아닙니다. 당신은 세 가지 선택을 할 수 있습니다. 첫 번째 선택은 비서와의 관계를 정리하고 당신의 아내와 계속 함께 사는 것입니다."

"그렇게 할 수 없어요."

"좋아요. 그렇다면 부인을 정리하고 비서와 결혼하세요."

"그렇게도 할 수 없어요."

"좋아요. 그렇다면 부인과 비서를 정리하고 처음부터 다시 새롭게 시작할 수 있습니다."

"안 돼요! 안 돼요! 당신은 내 상황을 이해 못하시는군요."

그러면 나는 이렇게 대답합니다.

"아니오. 이해를 못하는 건 당신입니다! 당신은 세 가지 선택밖에 할 수 없습니다. 우리는 당신의 유년기가 이런 종류의 문제들을 일으키게 된 경위에 대해 지금부터 세상 종말 때까지 계속 이야기를 나눌 수도 있습니다. 잘못된 배변 훈련이 당신의 불행한 심리 상태를 만든 경위에 대해서도 이야기할 수도 있습니다.

하지만 이런 이야기들은 당신의 문제를 결코 해결해줄 수 없습니다. 당신은 세 가지 선택 사항 가운데 한 가지를 선택해야

26 나를 바꿔라

합니다. 결정을 빨리 하면 할수록 더 빨리 평안을 얻고 고통에서 해방될 수 있습니다.

하지만 제가 당신에게 제시한 세 가지 선택 사항 중에서 효과적인 선택은 단 한 가지뿐인데, 그것은 비서와의 관계를 정리하고 당신 아내와 계속 함께 사는 것입니다. 그 외에 다른 선택을 한다면 당신은 하나님께서 당신에게 요구하시는 것을 행하지 않는 것이고, 남은 생애를 엉망진창으로 만들어버리게 될 것입니다.

당신은 이 방에서 걸어 나가기 전에 결정해야 합니다. 결정하기를 거부한다면 당신은 엉망진창인 상태로 그냥 살겠다고 간접적으로 결정하는 것입니다."

이런 종류의 거친 말이 '전문가답지 않게' 들릴 수도 있겠지만, 우리는 이제 하잘 것 없는 말장난을 그만두고 사람들이 아픔을 겪는 주요 원인 중 하나가 정신을 차리고 올바른 결정을 하지 못하기 때문이라는 사실을 깨달을 때가 됐습니다.

더 자세히 말하면, 사람들이 아픔을 겪는 이유는 예수님께서

정신적인 건강과 행복

자신에게 원하시는 것이 무엇인지 알고 있으면서도 그렇게 하기로 선택하기를 꺼리고 있기 때문입니다. 그들은 예수님께서 원하시는 사람이 되는 것을 내켜 하지 않습니다.

그것은 당신의 문제일 수도 있습니다. 당신은 예수님께서 당신에게 기대하시는 바를 알면서도 그대로 행하기를 거부하고 있기 때문에 심리적으로나 정시적으로 엉망진창인 상태일지도 모릅니다.

당신의 문제는 당신을 행복하게 해줄 하나님의 뜻 대신에 다른 대안들이 있을 것이라는 잘못된 생각에 미혹되었다는 사실일 수 있습니다.

당신이 하나님의 뜻대로 살겠다는 선택을 한다면 모든 것이 합력하여 선을 이루기(롬 8:28) 시작한다는 사실을 깨달아야 합니다.

당신의 미래를 선택할 때 당신 자신을 과거의 희생자가 되는 위험에서 건져냈음을 깨닫게 될 것입니다.

28 나를 바꿔라

하나님께서는 당신에게 운명을 결정할 자유를 허락하시고 당신의 현재 모습을 변화시킬 능력도 주셨습니다. 당신은 최종적인 결정을 해야만 합니다.

미래는 현재의 삶을 위해서 뿐 아니라 내세의 삶을 위해서도 결정되어야만 합니다.

당신은 어떤 결정을 내리겠습니까?

나는 당신이 여호수아처럼 이렇게 말하기를 바랍니다.

"나와 내 집은 여호와를 섬기겠노라"(수 24:15)

당신이 주님을 따르기로 결정하고 주님 뜻대로 살기를 선택한다면, 심리적이고 정서적인 평안을 향해 한걸음 크게 내디디는 것입니다.

CHAPTER **2**

'나를 바꿔라' 복음으로!
자존감과 자기가치

'나를 바꿔라' 복음으로!
자존감과 자기가치

 서로를 세워주는 것은 하나님께서 맡기신 책임입니다. 성경은 우리에게 '세워줌', 또는 '격려'의 사역에 참여하라고 권면합니다. 사람들이 낙담했을 때 우리가 그들을 일으켜 세워주어야 한다는 말입니다.

당신이 해야 하는 많은 선택들 가운데 현재 당신의 정체성을 결정하는 것은 당신의 삶에 가장 중요한 사람이 누구인지에 관한 선택입니다.

우리 삶에 가장 중요한 사람으로 선택한 사람에 의해 우리의 정체성이 지대한 영향을 받는다는 사실을 우리는 좀처럼 깨닫지 못합니다.

가장 유명한 현대 사회과학자의 한 사람이자 미국 사회학회

32 나를 바꿔라

회장인 찰스 쿨리(Charles H. Cooley)는 '거울에 비친 자아'(looking-glass self)라는 개념을 창안했습니다.

사회학 기초 과정만이라도 이수한 사람이라면 누구나 인간 이해에 대한 이 일차적인 개념을 접해봤을 것입니다.

쿨리의 가정은 이렇습니다.

한 사람의 자아 개념은 그가 자신의 삶에 가장 중요하다고 생각하는 사람이 그 사람에 대해 생각하는 바에 따라 성립된다는 것입니다.

예를 들어, 내가 내 삶에 가장 중요하다고 여기는 사람이 나를 마을에서 가장 잘생긴 남자로 생각한다고 내가 믿고 있다면 머지않아 나도 그렇게 생각하게 된다는 것입니다.

내 모습을 본 많은 사람들이 그 사실을 믿기 힘들어할지도 모릅니다.

나는 턱에 겹겹이 주름이 잡히고 머리도 대머리이기 때문입니다. 하지만 나는 대머리가 아닌 사람들에게 이런 말을 해주고 싶습니다.

자존감과 자기가치

"싸구려 가구 위에는 대리석 장식을 하지 않습니다."

게다가 우리는 태어날 때 아주 많은 호르몬을 가지고 태어났다는 사실도 상기시켜주고 싶습니다.

당신이 그 호르몬을 머리카락을 기르는 데 이용하고 싶다면 그것은 당신의 자유입니다. 모든 사람들이 내가 잘생겼다고 생각하지 않아도 나는 별로 상관이 없습니다.

왜냐하면 내 아내가 나를 잘생긴 사람으로 생각하고 있고, 아내는 내게 다른 어떤 사람들보다 훨씬 더 중요한 사람이기 때문입니다.

나 자신에 대한 나의 생각에 훨씬 더 많은 영향을 끼치는 것은 다른 사람들의 생각이 아니라 바로 내 아내의 생각입니다.

어렸을 적에는 아마도 어머니가 우리 삶에 가장 중요한 분이었을 것입니다. 따라서 우리의 자아 개념과 자존감은 일반적으로 어머니가 우리에 대해 생각하는 것에 따라 결정됩니다.

나는 웨스트 필라델피아에서 성장기를 보냈는데, 그곳에서

34 나를 바꿔라

나는 소수 인종 집단에 속해 있었습니다.

웨스트 필라델피아의 주민들 대부분은 유태인이나 흑인이었는데 나는 이탈리아인이었기 때문입니다. 그래서 나는 소외된 아이일 수밖에 없었습니다. 어렸을 적 우리 동네에 관한 추억들을 떠올려보면 유태인 아이들이 언제나 나를 깜짝 놀라게 했던 일들이 생각납니다.

그 아이들은 무척 당당했고 자신감에 차 있었습니다.

반론을 제기할지도 모르지만, 나는 유태인 아이들이 가장 똑똑하다고 자신 있게 말할 수 있습니다. 그 당시의 일을 생각하면 의문의 여지가 전혀 없습니다. 유태인 아이들은 학교에서 성적이 가장 좋았습니다.

심지어는 성인이 되어서도 유태인들이 우리보다 더 나은 업적을 성취하고 학문적 성과도 뛰어난 것으로 보입니다.

다른 민족보다 1인당 노벨상 수상자를 더 많이 배출합니다.

모든 면에서 명석한 사람들입니다.

모든 직업에서 정상을 차지하고 있는 듯합니다.

그들의 이러한 성공과 성취의 이유를 찾고 싶다면 유태인 어

자존감과 자기가치

머니들을 주의 깊게 살펴보십시오. 유태인 어머니들은 좋지 않은 수많은 농담들의 표적이 되어왔습니다. 주제넘고 건방지다는 등 여러 가지 불쾌한 평을 들어왔습니다. 그러나 나는 이러한 판단들을 받아들이지 않습니다.

  나는 유태인 어머니들이 최고 수준의 어머니들이라고 생각합니다.

  그들의 문화적 배경은 그들이 자녀들을 도와 잠재력을 극대화시킬 수 있도록 영향을 줍니다.

  유태인 어머니들은 아주 대단합니다. 그들의 문화는 어머니의 일차적인 책임이 자녀를 세워줌으로써 자녀가 자신을 특별하다고 느낄 수 있도록 해주는 것이라는 개념을 어머니의 마음속에 형성시켰습니다.

  결과적으로 유태인 아이들은 자신이 훌륭하다고 생각하며 성장합니다.

  우리 동네에는 알버트 핑켈쉬타인이라는 이름을 가진 유태인

36 나를 바꿔라

아이가 있었습니다. 그 아이는 평소에 학교 가는 도중에 우리 집에 들러 나와 함께 가곤 했습니다.

어느 날 우리 집을 나설 때 그 아이가 말했습니다.

"우리 어머니와 너희 어머니가 다른 점이 뭔지 아니? 내가 집에서 나올 때 우리 엄마는 '알버트, 책 챙겼니?' 라고 물으시는데 너희 엄마는 언제나 너에게 '토니, 도시락 챙겼니?' 라고 물으신다는 거야."

맞습니다! 그것이 다른 점입니다. 우리 이탈리아인들은 점점 더 뚱뚱해지고 유태인들은 점점 더 똑똑해집니다.

전형적인 유태인 가정의 아이들은 총명하고 잘생겼으며, 대단한 일을 할 능력이 있다는 이야기를 어머니에게서 들으며 성장합니다.

그 아이가 1학년 때 퇴학을 당할 수도 있습니다. 그래도 어머니의 의견은 바뀌지 않습니다. 전혀 상관없습니다.

유태인 어머니는 어깨를 으쓱하고는 이렇게 말합니다.

"그럴 줄 알았어. 그 학교에서는 천재를 교육시키는 방법을 모른단 말이야."

자존감과 자기가치

유태인 어머니들은 자녀들이 총명하고 아름답다고 생각하기 때문에 아이들은 그 의견을 받아들이게 됩니다.

결과적으로 자녀들은 어머니가 생각하는 대로 자기 자신에 대해서 생각하고 자기 자신을 총명하고 아름답다고 정의합니다.

유태인 어머니들이 창조해내는 긍정적인 자아상의 효과는 더 멀리 퍼져나갑니다.

대부분의 사회과학자들의 예측에 따르면, 이런 아이들은 생각하는 사람이 됩니다.

일부 심리학자들은 이것을 '자기성취 예언'(self-fulfilling prophecy)이라고 부릅니다.

그것은 만일 아이들이 자기가 총명하고 대단한 일들을 할 수 있다고 생각한다면 결국에는 대단한 일을 하는 총명한 사람이 될 수 있음을 의미하는 것입니다. 이것이 사실이라면 유태인 아이들이 성장한 후에 대단한 업적을 성취하는 경우가 그렇게 많은 것도 별로 놀라운 일은 아닙니다.

그들은 단지 부모들이 그들 마음에 심어준 긍정적인 자아상에 맞추어 살았던 것뿐입니다.

38 나를 바꿔라

　나는 모든 어머니들이 유태인 어머니들의 자녀 양육 핸드북의 한 페이지를 펼쳐서 자녀들이 자신에 대해 대단하게 느낄 수 있도록 해준다면 멋질 것이라고 생각합니다.
　하지만 안타깝게도 너무나 많은 부모들이 자녀를 망치고 있고 자녀가 잠재력을 실현하지 못하도록 만듭니다. 끊임없이 자녀들을 무시하고 잘못된 방식으로 질책함으로써 자녀들이 자신을 무가치한 존재로 느끼게 만듭니다.

　어떤 부모들은 아이들을 칭찬하면 오만하고 이기적인 사람이 될지도 모른다고 우려합니다. 그들은 아이들이 한 일을 인정해 주기를 자제하는 것이 자녀들에게서 더 커다란 성취를 이끌어 내는 데 도움이 될 것이라고 생각합니다.

대부분의 사회과학자들의 예측에 따르면,
이런 아이들은 생각하는 사람이 됩니다.
그것은 만일 아이들이 자기가 총명하고
대단한 일들을 할 수 있다고 생각한다면
결국에는 대단한 일을 하는
총명한 사람이 될 수 있음을 의미하는 것입니다.

자존감과 자기가치

안타깝게도 그들은 자녀들의 마음속에 긍정적인 자아상을 세워주는 데 필수적인 인정과 칭찬을 자제하고 있는 것입니다. 어디를 가든 나는 그곳에서 형편없는 자아 개념을 가진 사람들을 만나곤 합니다.

자신이 대단한 일을 할 수 있는 뛰어난 인물이라는 사실을 확신하도록 그들을 세워주는 일을 부모가 하지 못했기 때문입니다. 하는 것입니다.

쿨리의 '거울에 비췬 자아(looking-glass self)' 원리는 인생의 모든 단계에서 작용합니다. 우리가 십대가 되고 성인이 되면 활동을 멈추는 것이 아닙니다.

우리 교회의 어떤 젊은이가 미국 최고의 감독 밑에서 야구를 하게 되었습니다. 나는 이 감독을 그토록 특별하게 만들어주고, 그토록 많은 우승팀들을 배출할 수 있게 만든 비결이 도대체 무엇일까 무척 궁금했습니다.

나는 그 젊은이에게 이 전설적인 감독의 지도 하에서 경기를 하는 기분이 어땠는지 물어보았습니다.

그 친구는 이렇게 말했습니다.

"그 감독 밑에서 경기하는 것은 믿기지 않을 만큼 대단했어요. 그 감독은 끊임없이 선수들 모두가 자기 자신에 대해 좋은 느낌을 가질 수 있도록 만들었습니다. 경기가 진행되는 동안 그는 경기를 하고 있는 선수들보다 벤치에 앉아 있는 선수들에게 더 많은 관심을 기울이고 있는 듯했습니다. 언제나 벤치에 대기 중인 우리에게 말을 건네며 우리가 얼마나 중요하고 얼마나 대단한 선수들인지 이야기해 주었습니다.

다른 선수가 공을 놓칠 때면 그는 고개를 끄덕이며 '너라면 저런 공을 절대 놓치지 않았을 거야' 라고 말하곤 했습니다.

경기가 엉망이 되면 이렇게 소리치곤 했습니다.

'아, 이번 경기에는 너 같은 선수가 정말 필요해. 우리에게 필요한 게 바로 너야. 저기에는 너 같은 사람이 필요해.'

그는 경기 내내 그런 식으로 계속 말합니다. 경기가 끝날 무렵까지 나는 기분이 너무나 좋은 상태이기 때문에 '감독님, 제가 그렇게 대단하다면 왜 저를 출전시키지 않나요?' 라고 묻고 싶은 생각이 전혀 들지 않을 정도입니다."

그 친구는 이야기를 계속했습니다.
"대학 야구대회에 처음 출전했던 때가 기억납니다. 미시건 주립대학 팀과의 경기였죠. 나는 너무 긴장해서 경기를 아예 할 수 없거나, 너무 떨어서 제 기량을 발휘할 수 없을지도 모른다는 생각이 들었습니다.

하지만 내가 이스트 랜싱 야구장에 들어섰을 때는 단 한 가지 감정만 느껴졌습니다. 그것은 동정심이었습니다. 나는 미시건 주립대학 선수들에게 동정심을 느꼈습니다.

감독님으로 인해 우리 선수들은 자신감을 품게 되었고 그 야구장에 발을 들여놓은 선수들 가운데 가장 뛰어난 선수들이라고 믿게 되었기 때문에 우리는 미시건 주립대학 팀이 패해서 쫓겨 갈 것이라고 확신했습니다.

그 불쌍한 미시건 선수들은 자기 어머니와 여자 친구들을 그 경기에 초청했습니다. 그리고 그 자리에서 우리가 이제 막 그들을 격파할 참이었습니다. 내 느낌은 틀림없었습니다.

42 나를 바꿔라

우리가 바로 그렇게 했습니다.

미시건 주립대학 팀을 대파해버렸습니다. 나는 경기 내내 자신감에 차서 플레이를 잘했습니다.

그렇게 된 것은 모두 내가 대단한 선수이기 때문에 당연히 플레이를 잘할 것이라고 나 자신이 믿을 수 있도록 해준 감독님 덕분이라고 확신합니다."

이것은 자아 개념과 성공적으로 일을 수행할 수 있는 능력이 자신의 삶에서 가장 중요하다고 생각하는 사람이 자신에 대해 생각하는 것에 의해 영향을 받는다는 또 하나의 예에 불과합니다.

자신의 삶에 가장 중요한 사람과의 관계 속에서 발전시키는 긍정적인 자아상은 환상적이고 긍정적인 효과를 발휘할 수 있습니다.

어느 날 우리 부부는 친구 부부와 함께 해변에 있었습니다.

우리가 서로 이야기를 나누며 앉아 있을 때, 비키니를 입은 젊

자존감과 자기가치

은 여자가 지나갔습니다. 내 친구가 그 여자를 보더니 고갯짓으로 그 여자를 가리키며 이렇게 말했습니다.

"이봐, 토니! 저것 좀 보라고. 저 여자 정말 끝내주는데!"

그 친구의 입을 주먹으로 한 방 치고 싶은 마음이 강하게 일어났지만 꾹 참았습니다. 나는 그 친구보다 스무 살이나 어린 듯한 그 여자를 보고 그가 한 말에 화가 났습니다. 그 친구가 "저 여자 정말 끝내주는데!"라고 말했을 때, 마흔 살인 자신의 아내에게 "당신은 영 아니야"라고 간접적으로 말하고 있는 듯한 느낌이 들었기 때문입니다.

그 친구의 아내가 그 말을 그런 식으로 받아들이지는 않았을

> 서로를 세워주는 것은
> 하나님께서 맡기신 책임입니다.
> 성경은 우리에게 '세워줌', 또는 '격려'의 사역에
> 참여하라고 권면합니다.
> 사람들이 낙담했을 때 우리가 그들을
> 일으켜 세워주어야 한다는 말입니다.
> 그들이 자신을 아무것도 아닌 것처럼 느낄 때,
> 그들이 자신을 아무것도 아닌 것처럼 느낄 때,
> 그들이 자신을 특별한 존재라고 느끼도록
> 우리가 도와주어야 합니다.

것이라고 주장할 수도 있을 것입니다. 그렇게 주장하는 사람들에게 나는 이런 질문으로 응수하겠습니다.
"왜 그렇게 받아들이지 않을 거라고 생각하십니까?"

대부분의 남자들이 젊고 체격이 좋은 젊은 남자가 지나갈 때마다 자기 아내가 자신의 옆구리를 쿡 찌르면서 "와! 우아, 저것 좀 봐요! 저것 좀 봐요! 나에게도 저런 체격을 가진 남자가 한 명 있으면 좋을 텐데…"라고 말한다면 어떤 느낌이 들지 궁금합니다.
대부분의 남자들은 틀림없이 분노할 것입니다.
남성우월주의자인 일반적인 남자들이 아내의 그런 종류의 행위를 참아낼 수 있으리라고는 생각하지 않습니다.

한 마디 더 하자면, 나는 이러한 공공연한 무시 행위가 우리 사회에서 일어나는 간통에 많은 책임이 있다고 확신합니다.
남편이 아내를 무시함으로써 아내가 자신을 매력도 없고 남편의 관심을 끌지도 못하는 형편없는 여자로 느낀다면, 그녀는 유

자존감과 자기가치

혹 당하기 쉽게 됩니다.
 다른 남자가 나타나서 그녀를 세워주고 그녀가 특별하고 지적이며 매력적이라고 말해주기만 하면 그녀는 파괴적인 외도의 길로 들어설 수 있습니다.
 자존감을 세우려는 욕구 때문에 그녀는 긍정적인 자아상을 제공해주는 다른 남자에게 기울어지기 쉽습니다. 그래서 쉽사리 간통의 희생자가 될 수 있습니다.

 서로를 세워주는 것은 하나님께서 맡기신 책임입니다. 성경은 우리에게 '세워줌', 또는 '격려'의 사역에 참여하라고 권면합니다. 사람들이 낙담했을 때 우리가 그들을 일으켜 세워주어야 한다는 말입니다.
 그들이 자신을 아무것도 아닌 것처럼 느낄 때, 그들이 자신을 특별한 존재라고 느끼도록 우리가 도와주어야 합니다. 그들이 자신을 무가치하다고 느낄 때, 그들이 자신을 한없이 소중한 존재라고 느끼도록 우리가 세워주어야 합니다.

46 나를 바꿔라

성경에 나오는 인물 중에 바나바만큼 내게 영감을 주는 인물도 드뭅니다. 그 이름의 뜻은 '격려의 아들'입니다. 그리고 그 이름은 정말로 그에게 잘 어울리는 이름이었습니다.

성경에 단 세 번밖에 언급되지 않지만 그때마다 그는 다른 사람들을 격려하고 지원해주는 모습을 보여주고 있습니다.

그는 사람들이 자기 자신에게 좋은 느낌을 갖도록 도와주어서 그들이 자기 자신을 믿을 수 있게 만드는 일을 끊임없이 감당했습니다.

첫 번째로, 우리는 그가 자기 소유를 팔아 교회가 선교 사업을 수행할 수 있도록 돕는 모습을 볼 수 있습니다.

그는 교회의 본질에 대한 강한 믿음이 있었기에 교회가 과업을 달성할 수 있도록 돕기 위해 기꺼이 자기가 가진 모든 것을 희생했습니다.

바나바가 교회를 신뢰했던 것은 의문의 여지가 없습니다. 결과적으로 교회는 자신을 신뢰할 수 있게 되었습니다.

자존감과 자기가치

　두 번째로, 그리스도인 공동체가 바울을 받아들이도록 도와주고 있는 바나바의 모습을 볼 수 있습니다.
　몇 년 동안 바울은 교회를 박해하는 데 앞장섰던 주동자였습니다. 교회가 바울을 가장 유력한 적으로 간주한 것은 당연합니다.
　그러므로 바울이 극적인 회심을 하고 나서 그리스도인 공동체의 일원이 되고자 했을 때 교회에 소속된 사람들은 커다란 의혹을 가지고 그 소식을 받아들였습니다.
　그들이 적이었던 사람을 그리스도인 형제로 받아들이는 것을 조심스러워할 만도 했습니다. 그들 가운데 많은 이들은 분명히 바울이 그리스도인 공동체에 들어와 염탐하기 위해 회심한 척하고 있는 것은 아닌가 의심도 했을 것입니다.
　하지만 그때, 아무도 바울을 믿지 않았을 때 바나바가 그를 믿어주었습니다.
　우리는 바나바가 바울을 격려하고 믿어줌으로써 바울이 자기 자신을 믿을 수 있도록 도와주지 않았다면 과연 바울이 위대하고 자신감 넘치는 지도자가 될 수 있었을까 의문을 품어봐야만

48 나를 바꿔라

합니다.

　세 번째로 성경에 바나바가 언급된 곳에서 우리는 마음이 상하고 낙심하고 초라해진 마가 요한을 도와 자기 경멸 상태에서 벗어나게 해주며 위대한 과업을 성취할 수 있도록 격려해주고 있는 바나바의 모습을 발견합니다.
　1차 선교 여행 때 바울과 바나바와 마가 요한은 안디옥에서 출발해, 당시 알려진 세계를 두루 다니며 복음을 전파했습니다.
　하지만 상황이 무척 어려웠고 엄청난 박해도 있었습니다.
　배는 파선당했고 질병으로 고통당하기도 했습니다. 너무나 많은 고난으로 인해 마가 요한은 마침내 두 손을 들고 말았습니다. 그는 더 이상 감당할 수 없었습니다.
　결국 겁에 질려서 부끄러운 실패자로 예루살렘에 돌아왔습니다. 모든 면에서 마가 요한은 패배한 사람이었습니다.

　바울과 바나바가 나중에 안디옥으로 돌아왔을 때 마가 요한은 한 번 더 기회를 달라고 간청했습니다.

자존감과 자기가치

그는 그리스도인 형제들에게 호소하고 자기의 잘못에 대해 진심으로 회개하고 있다고 해명했습니다.

앞으로는 더 확고한 태도로 헌신하겠다고 약속했습니다. 우리는 그가 한 말을 상상해볼 수 있을 것 같습니다.

"바울 형제님, 제게 한 번만 더 기회를 주십시오. 다음 선교 여행에 저를 데려가주세요. 제게 한 번 더 기회를 주세요. 이번에는 실망시키지 않겠다고 약속합니다."

그러나 바울은 그의 호소를 들으려 하지 않았습니다.

"형제들아 사람이 만일 무슨 범죄한 일이 드러나거든 신령한 너희는 온유한 심령으로 그러한 자를 바로잡고 네 자신을 돌아보아 너도 시험을 받을까 두려워하라"(갈 6:1)라고 권면했던 바울 자신이 젊은 마가 요한의 간청을 거부한 것입니다.

우리는 바울이 이 경우에서는 자신이 설교한 대로 실천하지 않았다고 말할 수밖에 없습니다.

하지만 다행히 바나바는 그 말씀대로 했습니다.

나는 그가 마가 요한을 팔로 껴안고 "이보게, 바울 말을 듣지

50 나를 바꿔라

말게. 바울은 좀 못된 구석이 있네. 나는 자네가 앞으로 하나님 나라를 위한 사역에서 대단한 일을 할 거라고 생각하네. 하나님 께서 자네를 통해 대단한 일들을 행하실 거라고 믿네. 바울이 다음 선교 여행에 자네를 데려가지 않으려고 한다면 나와 함께 가세. 바울은 새로 온 실라라는 친구와 함께 가면 되니까"라고 말했다고 생각합니다.

바울은 실라를 데리고 가고, 바나바는 마가 요한을 데리고 갔습니다. 그들은 각자 다른 길로 갔습니다.

바나바와 마가 요한은 찬란한 전도 활동을 펼쳤습니다. 교회 역사가들은 그들에 관해 멋진 이야기들을 전하고 있습니다. 하지만 가장 놀라운 사실은 훗날 마가 요한이 네 권의 복음서 가운데 한 권을 기록했다는 사실일 것입니다.

바나바가 격려의 아들이 아니었다면 이런 일은 일어날 수 없었을 것입니다. 마가가 자기 자신을 신뢰하고 자존감을 되찾을 수 있도록 바나바가 돕지 않았더라면 마가는 교회 사역에서 잃어버린 자가 되었을 것입니다.

자존감과 자기가치

성경은 바나바에 대해 "바나바는 착한 사람이요 성령과 믿음이 충만한 자라 이에 큰 무리가 주께 더하더라"(행 11:24)라고 이야기해 줍니다. 아름다운 묘비명으로 사용할 만한 정말 귀한 표현 아닙니까?

이런 글이 당신의 묘비에 새겨지게 하고 싶지 않습니까?

이런 문구가 당신의 묘비에 새겨지지 못할 이유가 하나도 없습니다. 하나님께서는 당신을 바나바와 같은 격려의 사람, 자기 자신을 신뢰할 수 있는 능력을 다른 사람들 안에 창조하는 사람이 되도록 부르셨습니다.

하나님께서는 당신 주위 사람들 모두가 자기 자신을 멋지고 자신감 넘치고 소중한 존재로 느끼도록 당신이 그들을 도와주기를 바라십니다.

당신은 내게 이렇게 말할지도 모릅니다.

"토니, 나는 다른 사람들에게 정말 바나바 같은 사람이 되고 싶어요. 하지만 우선 나한테 바나바가 되어줄 누군가가 필요해요. 나를 일으켜 세워주고 나 자신에 관해 좋은 느낌을 갖도록 도와주는 사람이 나에게는 한 명도 없어요. 내 삶 속에서는 나를 정말로 믿어주고 내가 특별하다는 느낌을 갖도록 도와주는 사람이 하나도 없어요."

그런 말에 대해 내가 해줄 수 있는 답은 한 가지뿐입니다.
예수님을 당신의 삶 속에서 가장 중요한 사람으로 삼으라는 것입니다. 기억하십시오. 당신의 자아개념은 당신이 자신의 삶에 가장 중요하다고 생각하는 사람이 당신에 대해 생각하는 것에 의해 최종적으로 결정됩니다.
그러므로 당신이 예수님을 당신의 삶에 가장 중요한 분으로 받아들인다면, 당신은 아주 긍정적인 자아상을 계발하게 될 것입니다.

예수님께서는 우리가 부모보다 주님을 더 많이 사랑해야 한다고 말씀하십니다. 그분은 당신이 그분과 갖는 관계를 다른 어떤 관계와도 비교할 수 없을 정도로 그분을 중요하게 여기

자존감과 자기가치

고 사랑하기를 기대하십니다.

　당신은 존재의 깊은 곳으로부터 다른 모든 것보다 그분이 우월하다고 기꺼이 말할 수 있어야 합니다.

　당신은 "이는 내게 사는 것이 그리스도니 죽는 것도 유익함이니라"(빌 1:21)라고 기꺼이 말할 수 있어야 합니다.

　그분은 당신이 낙담했을 때 당신을 일으켜 세워주실 것입니다.

　그분은 당신이 자신에 대해 특별한 느낌을 갖도록 당신을 세워주고 싶어하십니다.

　"나는 예수님을 믿는다"라고 말하는 것만으로 충분하지 않습니다. 당신은 그분을 삶 속에서 가장 중요한 사람으로 기꺼이 인정할 수 있어야 합니다.

　당신은 "나는 다른 무엇보다도, 다른 사람들이 내게 할 수 있

> 당신이 예수님을 당신의 삶 속에서
> 가장 중요한 사람으로 삼는다면,
> 당신은 머지않아 예수님께서 당신을 보시는 것과
> 똑같이 당신 자신을 보게 될 것입니다.

54 나를 바꿔라

는 어떤 요구보다도 그분이 내게 원하시는 일을 할 것이다"라고 기꺼이 말할 수 있어야 합니다.

당신이 그렇게 결정을 내린다면 당신에게 들려줄 멋진 소식이 있습니다. 나는 당신에게 아주 긍정적인 자아상을 약속할 수 있습니다. 당신이 예수님을 당신의 삶 속에서 가장 중요한 사람으로 삼는다면, 당신은 머지않아 예수님께서 당신을 보시는 것과 똑같이 당신 자신을 보게 될 것입니다.

그분께서 당신에 대해 생각하는 것처럼 당신 자신에 대해 생각하기 시작할 것입니다. 그리고 정말 좋은 소식이 또 있습니다. 예수님께서는 당신이 대단하다고 생각하십니다!
그분은 당신이 훌륭하다고 생각하십니다.
그분은 정말 그렇게 생각하십니다.

당신은 이렇게 말할지도 모릅니다.
"토니, 나는 아니에요. 당신은 나와 내 삶 속의 죄를 몰라요.

자존감과 자기가치

내가 절대 당신에게 말할 수 없는 것들이 많아요. 당신이 알게 되면 날 경멸하게 될 거예요."

우리는 누가 더 비참한 상태인지 서로 비교할 수는 있습니다. 당신은 나에게 자신이 얼마나 타락했는지 이야기해줄 수 있고, 나도 당신에게 내가 얼마나 타락했는지 이야기해줄 수 있습니다.

그리고 누가 더 형편없는지 비교해볼 수도 있습니다. 그러면 결국 우리 모두 절망 속에 대화를 끝내겠지요. 그러나 예수님께서는 우리가 그렇게 하기를 바라지 않으십니다.

그분은 우리가 일단 그분을 구원자와 주인으로 영접하기만 하면 그분 앞에 완전한 인간으로 서게 된다는 사실을 깨닫기를 원하십니다.

그 말이 맞습니다!

예수님께서는 나를 바라보실 때 내게서 아무런 잘못된 것을 보지 않으십니다.

성경에 의하면 나는 "그분의 의로 옷 입었습니다."

성경은 내 죄가 지워졌다고 말씀합니다. 내 죄는 바다 속 가장 깊은 곳에 묻혀버렸습니다.

   그것은 더 이상 기억되지 않습니다.

   바로 얼마 전에 나는 히브리서를 읽다가 "너의 죄가 더 이상 기억되지 않는다"는 구절을 몇 번 마주쳤습니다.
   예수님께서는 십자가 위에서 당신의 죄와 나의 죄를 취하시고 "그것은 내 것이다"라고 말씀하셨습니다. 갈보리에서 "죄를 모르는 분이 우리를 위하여 죄가 되셨다"라고 성경은 말씀합니다.
   신약에서 충분히 설교되지 않고 있는 교리가 있다면 그것은 하나님의 망각입니다.
   하나님께서는 잊어버리십니다. 그분은 독생자를 보내 우리 죄에 대한 형벌을 대신 받게 하신 것으로 그치지 않으십니다.
   하나님께서는 예수님께서 갈보리에서 하신 일 때문에 우리 죄를 용서해주시는 것으로 그치시는 것이 아니라 우리가 지은 죄들을 잊어버리기까지 하십니다.

   나는 나의 죄들이 기억되지 않는다는 사실이 무척 기쁩니다.

자존감과 자기가치

나의 죄들이 그냥 있다면 나는 천국에 가기가 무척 싫을 것입니다. 그렇지 않겠습니까?

나는 주님의 심판석에 나아가는 모습을 상상할 수 있습니다. 주님께서 내게 이렇게 말씀하실 것입니다.

"토니, 우리는 널 기다리고 있었단다. 베드로! 토니에 대한 책을 가져오게."

그러면 베드로는 이렇게 말할 것입니다.

"주님, 토니에 대한 책이 한두 권이 아닌데요. 도서관을 하나 만들 수 있을 정도로 많습니다."

천국에 과연 나에 관해 기록한 책이 있는지는 모르겠지만, 만약 그런 책이 있어서 언젠가 사람들이 펼쳐본다면 거기에는 온통 좋은 것들만 기록되어 있을 것입니다.

만일 당신이 내가 행한 나쁜 것들은 모두 어디 갔느냐고 묻는다면 나는 내 죄들이 모두 지워졌고 가장 깊은 바다 속에 묻혀버렸으며 더 이상 기억되지 않는다고 다시 한 번 말해줄 것입니다.

그것은 참으로 좋은 소식입니다. 그리고 당신에게도 해당되는

나를 바꿔라

것입니다. 당신이 예수님을 구주로 받아들인다면 그분은 당신의 죄들을 직접 떠맡으시고 그 죄의 형벌을 담당하실 것입니다.

그분은 당신을 용서하실 것이고 당신이 지은 죄를 모두 잊어버리실 것입니다.

내가 주일학교에 다닐 때 선생님이 '칭의'(justification)라는 말의 뜻을 가르쳐 주었습니다. 그 선생님은 우리에게 칭의는 마치 한 번도 죄를 짓지 않은 것이나 마찬가지인 상태를 의미한다고 설명했습니다. 그 단순한 성경공부 이후로 여러 해가 흘렀습니다.

나는 방대한 양의 책들을 읽었고 원어로 성경을 연구했으며 신학자들과 함께 토론을 하며 그 말의 뜻을 탐구했습니다.

하지만 모든 연구와 토론을 하고 난 후에 나는 그 주일학교 선생님의 단순한 설명보다 더 나은 설명을 들어본 적이 없다고 고백하지 않을 수 없습니다.

자존감과 자기가치

　예수님께서 당신의 삶 속에서 가장 중요한 사람이라면 당신은 이미 의롭게 되었습니다. 그것은 당신이 죄를 전혀 짓지 않은 것과 같은 모습으로 하나님 앞에 선다는 의미입니다.
　그것이 바로 당신이 붙잡기를 내가 간절히 바라는, 믿기지 않을 만큼 좋은 소식입니다.

　더 나아가 예수님께서는 당신을 의롭다고 보시는 것만이 아닙니다.
　그분은 당신을 엄청난 잠재능력을 지닌 존재로 보십니다.
　당신은 자신이 대단한 인물이 될 수 있다고 생각하지 않을지도 모르지만 그분은 당신을 대단한 인물이 될 수 있는 존재로 생각하십니다.
　성경적인 언어를 사용하자면, 그분을 통해 당신은 당신 스스로 소망하거나 생각할 수 있는 것보다도 훨씬 더 대단한 인물이 될 수 있습니다.

　그분은 당신에게 큰 기대를 품고 계시고, 당신이 대단하게 될

60 나를 바꿔라

운명이라는 것을 알고 계십니다.

그분은 당신이 가지고 있다는 사실조차 모르는 재능들을 당신에게 주셨습니다.

그분은 당신의 가장 야심 찬 상상이 이룰 수 있는 것보다 훨씬 더 많은 것을 당신이 성취할 수 있다고 믿으십니다. 우주를 창조하신 분께서는 당신이 훌륭하다고 생각하십니다.

그분은 당신이 너무나 소중하다고 믿으시기 때문에 당신이 지상에 살았던 유일한 사람이고 당신 뒤에 아무도 태어나지 않았다 해도 당신만을 위해서 기꺼이 죽으려고 하셨을 것입니다.

나는 천국에 있는 이들이 지금 무엇을 하고 있는지는 모르지만, 하나님께서는 손자, 손녀들에 대해 자랑스러워하는 할머니처럼 행동하고 계실 것이라고 생각합니다.

그분은 어쩌면 당신의 사진이 들어 있는 지갑을 들고 다니시며 천사장들과 말씀하실 때마다 당신 이야기를 하고 계실지도 모릅니다.

나는 그분이 지갑을 탁 꺼내서 천사들에게 당신의 사진을 보

자존감과 자기가치

여주며 이렇게 말씀하시는 광경을 상상해봅니다.

"우리 아이 예쁘지 않니? 우리 아이 멋지지 않니? 있잖아, 우리 아이는 크면 세상에서 큰일을 할 거야."

나는 열등감 콤플렉스를 가지고 있는 사람을 만날 때마다 그 사람이 예수님과 개인적으로 가까운 관계를 맺고 있지 않다는 사실을 발견합니다. 만왕의 왕이자 만주의 주이신 분께서 무한히 소중하다고 선포하신 사람이라면 어떻게 자신이 열등하고 무가치하다고 믿을 수 있습니까?

어떤 사람이 자신을 비하하면서 "하나님은 나를 사랑하시지 않아요"라고 말할 때마다 나는 이렇게 소리치고 싶습니다.
"대체 당신이 뭐라고 생각합니까? 무엇 때문에 당신이 다른 사람들과 다르다고 생각합니까? 하나님께서 한 사람 한 사람을 모두 무한히 사랑하신다면, 그분은 당신을 무한히 사랑하시는 겁니다. 당신에게는 '나는 예외에요'라고 말할 권리가 없어요."

62 나를 바꿔라

    게다가 당신이 행한 일과 당신의 현재 상태가 하나님께서 사랑하시는 범위에서 벗어나 있다고 말하는 것도 건방진 일입니다.
    내가 할 수 있는 말은 이것이 전부입니다.
    "절대 그렇지 않아요. 하나님께서는 당신을 무한히, 그리고 극진히 사랑하십니다. 그분은 설사 당신이 이러한 진리들을 받아들이기를 거부한다고 할지라도 당신을 사랑하십니다."

    교회 안의 어떤 사람들은 겸손함을 열등감 콤플렉스와 혼동합니다. 하나님께서 우리에게 기대하시는 것은 겸손해지는 것이지 열등감 콤플렉스를 갖는 것이 아닙니다.
    계속해서 "나는 아무 쓸모가 없어요. 나는 죄가 너무 많아서 주님께서 절대 나를 사용하지 못하실 겁니다. 나는 주님의 참된 종이 되는 데 필요한 수준의 영성에 도달하지 못했습니다"라고 말하는 사람은 가식적인 모습이기는 하지만 언제나 종교적인 모습으로 보입니다.
    그는 "내가 얼마나 겸손한지 볼래요?"라고 말하는 듯합니다.
    나는 이렇게 답해 주고 싶습니다.

자존감과 자기가치

"당신은 자신이 겸손하다는 것을 무척 자랑스럽게 여기는 것 같군요."

하나님께서는 우리가 그런 가식적인 행동을 하는 것을 원하시지 않습니다.
그분은 우리가 그분의 자녀로서 우리의 정체성을 인정하고 받아들이기를 원하십니다.
그분에게 우리가 무한한 가치가 있음을 인정하기를 그분은 원하십니다.

필립스 신학교 교수인 프레드 크래독은 자신에게 매우 깊은 인상을 남긴 어떤 만남에 대한 이야기를 들려주면서, 자기가 하나님의 자녀임을 깨달았을 때 자기 정의(self-definition)가 어떤 식으로 변할 수 있는지에 대한 강력한 예를 보여주었습니다.
크래독 교수는 테네시 주 개틀린버그에서 휴가를 보내고 있었습니다. 부인과 함께 식당 테이블에 앉아 있을 때 어떤 노인이 그들에게 다가와 물었습니다.

64 나를 바꿔라

"안녕하세요? 좋은 시간 보내고 계시네요. 휴가 중이신가요?"

"예, 우리는 휴가 중입니다."

크래독 교수가 말했습니다.

"어떤 일을 하시나요?"

노인이 물었습니다.

크래독 교수는 그 노인을 떼어버리고 부인과 나누고 있던 대화를 계속하고 싶어서 "나는 설교학 교수입니다"라고 대답했습니다. 그는 그런 직함이 이 불청객을 쫓아내버릴 것이라고 확신했습니다. 그러나 그렇지 않았습니다.

"아, 목사님이시군요. 그렇다면 제가 어떤 목사님 이야기를 하나 들려드리지요."

그 노인이 말했습니다.

목사에 관한 이야기 하나쯤 모르고 있는 사람이 없다고 생각했기 때문에 크래독 교수는 그런 이야기는 듣고 싶지 않았습니다. 하지만 그가 미처 어떤 반대 의사를 표현하기도 전에 그 노인은 의자 하나를 테이블로 끌어당겨 앉은 후에 이야기를 늘어

자존감과 자기가치

놓기 시작했습니다.

 "나는 사생아로 태어났습니다. 나는 우리 아버지가 누군지 전혀 몰랐고 그것 때문에 무척 힘들었습니다. 학교에 가면 남자 아이들이 나를 부르는 별명이 있었습니다.
 그 아이들은 나를 볼 때마다 놀려댔습니다. 내가 우리 작은 마을의 중심가를 걸어갈 때면 사람들이 나를 물끄러미 바라보며 끔찍한 질문을 하는 것이 느껴졌습니다.
 '도대체 저 남자애 아버지는 누굴까요?'
 나는 혼자서 많은 시간을 보냈기 때문에 친구가 한 명도 없었습니다. 그러던 어느 날 마을 교회에 목사님이 새로 오셨는데, 모두가 그분이 얼마나 좋은 분인지 이야기하곤 했습니다.
 그래서 그전에 교회에 가본 적이 한 번도 없었지만 돌아오는 주일에 그분의 설교를 들으러 가야겠다고 생각했습니다.
 그분은 좋은 목사님이었습니다. 나는 주일마다 교회를 찾아갔습니다.
 매번 나는 예배 시간이 지나서 교회에 들어갔고 일찍 나왔습

66 나를 바꿔라

니다. 그러면 아무와도 이야기할 필요가 없으니까요.

그러던 어느 주일, 나는 목사님의 설교에 너무나 감동한 나머지 일찍 자리에서 일어나는 것을 깜빡했습니다.

내가 사태를 파악하기도 전에 목사님이 축도를 하셨고 예배가 끝나버렸습니다. 나는 재빨리 교회에서 빠져나오려고 했지만 벌써 사람들이 통로를 가득 메우고 있었기 때문에 그들을 헤치고 갈 수가 없었습니다.

그때 갑자기 내 어깨에 육중한 손이 닿는 것이 느껴졌습니다. 고개를 돌리자 몸집이 큰 목사님이 나를 내려다보며 물었습니다.

'네 이름이 뭐지, 꼬마야? 부모님이 누구시니?'

그분이 그렇게 물었을 때 나는 마냥 떨고만 있었습니다. 하지만 내가 무슨 말을 할 겨를도 없이 그분이 말했습니다.

> 나는 자신이 하나님의 참된 자녀이고
> 만왕의 왕의 상속자라는 사실을
> 모든 사람들이 깨닫게 되기를 바랍니다.

자존감과 자기가치

'나는 네가 누구인지 안단다. 네 가족이 누구인지 알아. 가족끼리는 분명히 닮은 데가 있거든. 그래, 너는 그분의 아들이 틀림없어. 너는 하나님의 아들이야!'

그런데 선생, 바로 그 말이 나의 삶을 변화시켰다오."

그 노인이 자리에서 일어나 가고 난 후 웨이트리스가 크래독 교수에게 다가와 물었습니다.

"저분이 누군지 아세요?"

"아니오."

크래독 교수가 대답했습니다.

"벤 후퍼 씨에요. 전직 테네시 주지사죠."

한 남자가 자신이 하나님의 아들이라는 사실을 알게 되자 자신을 보는 방식이 송두리째 변했던 것입니다. 다른 사람들의 의견은 더 이상 그의 자존감과 가치를 떨어뜨릴 수 없었습니다. 나는 자신이 하나님의 참된 자녀이고 만왕의 왕의 상속자라는 사실을 모든 사람들이 깨닫게 되기를 바랍니다.

나를 바꿔라

"영접하는 자 곧 그 이름을 믿는 자들에게는 하나님의 자녀가 되는 권세를 주셨으니"(요 1:12).

"(우리가) 자녀이면 또한 후사 곧 하나님의 후사요 그리스도와 함께한 후사니"(롬 8:17).

당신이 이러한 진리를 붙잡고 삶에 적용할 수 있다면 형편없는 자아상을 품게 되는 일은 절대 없을 것입니다.

나는 그리스도의 복음을 부끄러워하지 않습니다. 그것이 긍정적인 자아상에 대한 나의 필요를 채워주기 때문입니다. 만약 당신이 예수님께 기회를 드린다면 당신도 마찬가지로 그렇게 될 것입니다.

그분은 우리를 비하시키는 하나님이 아니십니다.

그분은 우리를 들어올려 견고한 반석 위에 세우시는 하나님이십니다.

그분은 우리에게 머리를 높이 들도록 가르치시고 우주의 사방 구석구석까지 울려 퍼지는 음성으로 우리를 향해 외치십니다.

"너 정말 멋지구나!"

CHAPTER 3

'나를 바꿔라' 복음으로!
사랑

'나를 바꿔라' 복음으로!
사랑

하나님께서 당신의 인격을 소유하실 때 그분의 영께서 당신 안에 들어가셔서 당신 속에 하나님께 저항하는 사람들은 도저히 알 수 없는 사랑을 창조하실 것입니다. 당신이 하나님의 영께 항복할 때 그 모든 능력과 영광과 함께 아가페를 경험하게 됩니다.

모든 사람에게 사랑이 필요하다는 진리를 우리는 압니다. 사랑을 간직하고 사랑을 나누는 것이 충만한 삶의 기초라는 것을 의심하는 사람은 아무도 없습니다. 그러나 우리 사회가 사랑을 보는 시각이 한참 왜곡되었다는 사실을 인식하고 있는 사람은 별로 많지 않습니다.

특히 텔레비전이나 영화에 표현되고 있는 것처럼 대중문화는 감성적인 로맨스에 대한 시각을 투영해 미국인들에게 로맨스가

나를 바꿔라

사랑의 전부인 것처럼 믿게 만들려고 노력합니다.

하지만 실제로 로맨스를 주의 깊게 분석해보면 사랑과는 너무나 뚜렷하게 구별되기 때문에 과연 우리가 로맨스를 사랑의 한 형태로 여겨야 하는지조차 의문스러울 정도입니다.

로맨스는 자기중심적이고 이기적입니다. 그 증거가 필요하다면 사랑을 주제로 한 대중가요 가사들을 한번 살펴보십시오. 그 가사들은 로맨스의 자기중심성을 뒷받침하는 데 필요한 모든 증거를 보여줄 것입니다. 그런 노래들이 라디오나 각종 매체에서 흘러나올 때 잘 들어보십시오. 록 '아티스트'가 웅얼거리는 소리를 주의해 들어보십시오.

"나는 당신이 필요해. 나는 당신을 원해. 나는 당신 없이는 살아갈 수 없어, 그대."

이 노래 전체에서 강조되고 있는 것은 '나'입니다.

'나'와 '나를'이라는 단어들이 자주 등장하는 것은 여기에 표현되고 있는 모든 감정이 자기만족에 불과하다는 설득력 있는 증거입니다. 언뜻 보면 상대방이 중요한 존재인 것처럼 보이지만 실제로는 대중가요의 가사에서 가장 두드러지는 것은 사랑하는 사람의 자기만족입니다.

　내 삶을 돌아보아도 내가 경험했던 로맨틱한 관계의 자기중심성을 발견할 수 있습니다.
　내가 대학생이었을 때 나는 어떤 여학생과 교제를 나누었습니다. 교제를 시작한 지 1년 반 정도 지났을 그 여학생은 나에게 싫증을 느끼고 나를 차버리기로 결정했습니다. 그 대학이 기독교 학교였으니까 '거룩한 발길질'이라고 불러야 하겠군요. 나는 화가 났습니다. 아무리 좋게 말해도, 내가 화난 진짜 이유는 그녀를 잃었기 때문이라기보다는 나의 자아에 타격을 입었기 때문이었습니다.
　그녀는 내게 끝났다고 말했고 나는 그녀에게 이렇게 말한 기억이 납니다.
　"나한테 이럴 수는 없어. 나는 네가 필요해. 나는 너를 원해. 네가 없으면 내 삶은 아무 의미가 없어질 거야."
　그녀는 무관심한 말투로 대답했습니다.
　"저런, 그것 참 안됐구나."

나는 그런 대답을 들을 만도 했습니다. 결국 그녀가 내 곁에 머물러야 하는 유일한 이유라고 내가 말한 것은 나 자신의 욕심을 채우는 것이었습니다.

나는 그녀가 필요했습니다. 나는 그녀를 원했습니다. 나는 그녀가 나에게 해주는 것에 관심이 있었습니다. 나의 로맨틱한 말들 속에 그녀에 대한 관심을 나타내는 말은 전혀 없었습니다. 그것이 바로 로맨스의 본질입니다. 자기중심적입니다. 바로 그 때문에 사랑과 로맨스 분야의 어떤 저명한 작가는 로맨스를 사랑으로 여기지 말아야 한다고 주장하기도 합니다.

도로시 테노브(Dorothy Tennov)는 그녀의 책 『사랑과 리머런스』(Love and Limerence)에서 우리가 로맨스를 가리킬 때는 사랑이 아니라 '리머런스(limerence)'라는 단어를 사용해야 한다고 말합니다.

그녀는 리머런스가 워낙 강렬한 감정이라 사람을 제 기능을 못하게 만들어버린다고 주장합니다. 이것은 사람의 정신을 혼

사랑

미하게 하고 집중력을 빼앗고 정서적인 혼란 속에 빠뜨릴 수 있습니다. 그렇지만 단지 강렬한 감정이라고 해서 로맨스를 사랑으로 여기는 것은 잘못된 것입니다.

테노브는 사랑이 리머런스나 로맨스와는 질적으로 다르다고 말합니다.

고린도전서 13장에 의하면 사랑은 로맨스의 자기중심적인 특징들을 전혀 갖고 있지 않습니다.

> 사랑은 오래 참고
> 사랑은 온유하며 투기하는 자가 되지 아니하며
> 사랑은 자랑하지 아니하며 교만하지 아니하며
> 무례히 행치 아니하며
> 자기의 유익을 구치 아니하며 성내지 아니하며
> 악한 것을 생각지 아니하며
> 불의를 기뻐하지 아니하며 진리와 함께 기뻐하고
> 모든 것을 참으며 모든 것을 믿으며
> 모든 것을 바라며 모든 것을 견디느니라
> 사랑은 언제까지든지 떨어지지 아니하나
> 예언도 폐하고 방언도 그치고 지식도 폐하리라(고전 13:4~8)

나를 바꿔라

나는 종교 문학 밖에서도 사랑을 로맨스와 대비시키는 글들을 많이 보았습니다.

내가 가장 좋아하는 글 중의 하나는 마저리 윌리엄스(Margery Williams)가 쓴 동화에서 읽은 것입니다.

나는 동화를 아주 많이 읽는데, 그것은 아마도 내가 어른들의 이야기를 이해하지 못해서일 것입니다.

『벨벳 토끼』(The Velveteen Rabbit)는 내가 가장 좋아하는 동화 가운데 하나입니다. 동화 속에서 장난감 토끼와 장난감 말이 흥미진진한 대화를 나눕니다. 사랑의 관계에 대한 장난감 말의 묘사는 너무나 강렬해서 로맨스를 피상적으로 보이게 만들 정도입니다.

어느 날 나나가 방을 정리하러 오기 전에, 둘이서 벽난로 울타리 가까이에 나란히 누워 있을 때 토끼가 물었다.

"진짜(Real)라는 게 뭐죠? 몸 안에 윙 소리가 나는 것들이 들어 있고 손잡이가 밖으로 튀어나와 있는 걸 말하는 건가요?"

사랑

"진짜는 네가 만들어진 형태가 아니야. 그건 너한테 일어나는 일이야. 한 아이가 너를 아주 아주 오래 사랑해주면, 그냥 너랑 놀기 위해서만이 아니라 정말로 너를 사랑해주면 너는 진짜가 되는 거야."

장난감 말이 말했다.

"아픈 건가요?"

토끼가 물었다.

"아플 때도 있지."

장난감 말은 언제나 거짓말을 할 줄 몰랐기 때문에 그렇게 말했다.

"하지만 진짜가 되면 아픈 것쯤은 신경 쓰지 않게 된단다."

"그 일은 태엽이 감길 때처럼 단숨에 일어나나요? 아니면 조금씩 조금씩 일어나나요?"

토끼가 물었다.

"단숨에 일어나는 일은 아니란다."

장난감 말이 말했다.

"차차 일어나는 거지. 시간이 오래 걸린단다. 그래서 부서지

나를 바꿔라

기 쉽거나 모서리가 날카롭거나 조심해서 다뤄야 하는 장난감들에게는 그런 일이 자주 일어나지 않는 거야. 대개 진짜가 될 무렵이면 하도 많이 쓰다듬어서 머리카락은 대부분 빠져버리고 눈알도 빠져나가고 꿰맨 자리는 헐거워지고 아주 초라해지지.

하지만 그런 것은 전혀 문제가 안 돼. 일단 진짜가 되면 미워 보일 리가 없거든. 그걸 이해하지 못하는 사람들은 제외하고 말이야."

나도 대부분의 사람들과 마찬가지로 사랑과 로맨스의 뚜렷한 차이를 의식하지 못한 채 성장했습니다.

나는 뮤지컬 〈남태평양〉에 등장하는 에지오 핀자처럼 "어느 매혹적인 저녁에 붐비는 방 건너편에 있는 낯선 사람을 만나게 되고 사랑을 알게 될 것"이라고 믿었습니다. 덕분에 나는 붐비는 방들 건너편을 바라보며 사춘기의 대부분을 보냈습니다. 나는 로맨틱 증후군에 걸려 사랑의 의미를 깨달을 기회를 잃어버린 또 한 명의 미국인일 뿐이었습니다.

사랑

로맨스의 첫 번째 문제점은 그것이 별로 안정적이 아니라는 사실입니다. 정상적인 사람은 결혼 전에 적어도 여섯 번의 로맨틱한 만남을 경험하게 됩니다. 대부분의 사람들은 한 번에 한 사람과 로맨틱한 관계에 빠집니다. 머리가 핑핑 돌고 배가 아프고 무릎이 후들거리게 만드는 이러한 절정 상태의 흥분은 성장 과정에서 으레 경험하기 마련입니다.

물론 대단한 로맨틱한 경험을 한 번 하고 그것이 평생 동안 지속된다고 주장하는 사람도 몇 명 있기는 합니다. 하지만 그런 사람들은 아주 드문 경우입니다. 그들은 로맨틱한 미국인들이 시인하고 싶어하는 것보다 훨씬 더 희귀한 사람들입니다. 일반적으로 대부분의 사람들은 사회에서 결혼할 나이라고 말할 때까지 반복해서 사랑하는 관계에 빠졌다가 벗어났다가 합니다. 미국에서 그 나이는 남자는 약 24세이고 여자는 약 22세입니다. 사람들은 사회적으로 정해진 결혼 적령기가 되면 바로 그 시기에 로맨틱한 관계를 맺고 있는 상대방과 결혼하게 되는 것이 보통입니다.

이렇게 말하면 대부분의 사람들은 내게 이런 질문을 합니다.

80 나를 바꿔라

"만약 내가 10년을 더 기다렸다면 내가 다른 어떤 사람과 결혼했을지도 모른다는 말씀인가요?"

십중팔구는 그렇습니다!

그 10년 동안에 당신은 네댓 명의 배우자 후보들과 로맨틱한 관계에 빠졌다가 벗어났다를 반복했을 것입니다. 만일 당신이 배우자를 처음 만났던 때가 10년이 더 지난 때였다면 어쩌면 서로에게 매력을 느끼지 않았을지도 모릅니다. 10년 동안 당신과 당신 배우자는 아주 다르게 변하고 발전했을 것이기 때문입니다.

일단 결혼을 하면 로맨스가 급속히 사그라질 징조가 나타나는 경우가 많습니다.

사회학자 님코프(W. F. Nimkoff)와 아서 우드(Arthur L. Wood)가 행한 연구에 의하면, 결혼을 하고서 첫 두 해 동안 로맨스의 강도가 약 80% 감소한다고 합니다. 우리는 이런 종류의 이야기를 듣는 것을 좋아하지 않기 때문에 내가 이런 말을 하면 사람들은 "사실이 아닙니다. 사실이 아닙니다"라고 외치는 경

사랑

우가 많습니다. 하지만 대부분의 사람들이 그 사실을 인정하기를 거부한다고 하더라도 그건 사실입니다.

40여 년 전에 있었던 일이지만, 결혼 3주 전에 예비 신부에게 이렇게 말했던 기억이 납니다.

"한번 생각해봐. 페기, 3주만 더 있으면 우리는 모든 것을 함께 나누게 될 거야. 우리는 아름다운 것들을 함께 나누게 될 거야. 그리고 궂은일도, 힘든 일도, 편안함도…, 우리는 삶의 모든 것을 함께 나누게 될 거야."

솔직하게 말해서 결혼하고 몇 년이 지난 후에, 새벽 3시에 우리 아이가 토해서 아내가 그것을 치우고 있을 때 나는 그녀와 함께 그 일을 나누고 싶은 욕구가 전혀 없었습니다. 당신이라면 어떻게 했을지 모르겠지만, 나는 침대에서 뒤척이며 여전히 잠들어 있는 체했습니다. 아침에 아내가 말했습니다.

"바트가 어젯밤에 아팠어요!"

나는 깜짝 놀라는 체하며 대답했습니다.

"어, 정말?"

82 나를 바꿔라

　반대로 내가 밤중에 아이가 토한 것을 치울 때 아내도 똑같은 방법을 이용했을지도 모른다는 의심이 듭니다.

　로맨스가 줄어드는 증거로 내가 말할 수 있는 이야기가 한 가지 더 있습니다.
　어느 날 밤, 우리 가족은 뉴저지 주에서 펜실베이니아 주에 있는 집으로 돌아오고 있었습니다. 우리가 월트 휘트먼 다리를 건너 필라델피아로 진입할 때 내 옆에 조용히 앉아 있던 아내가 갑자기 큰 소리로 외쳤습니다.
　"우리 좀 봐요!"
　"보고 있어! 뭐가 문제야?"
　내가 말했습니다.
　"당신이 어디 앉아 있나 보라구요!"
　"난 차를 운전하고 있잖아. 운전하고 있으니까 당연히 운전석에 앉아 있지. 뭐 때문에 그러는데?"
　그녀는 우리 앞에 가는 차를 가리키며 말했습니다.
　"저 사람들 좀 봐요!"

사랑

　우리 앞에 가는 차 안을 들여다보니 운전하는 사람의 머리가 두 개 달린 것처럼 보였습니다. 그래서 나는 아내가 무슨 생각을 하고 있는지 알아차렸습니다. 나는 아무 말도 하지 않고 다리를 건너 필라델피아로 들어가 스컬킬 강변을 따라 차를 몰고 가다가 연인들을 위해 지정된 특별한 장소 중 한 곳에 주차할 자리를 발견했습니다.
　그곳은 바로 강변 둑 가장자리였습니다. 그곳에 있던 다른 차들에는 분명히 '뜨거워진' 연인들이 타고 있었을 것입니다. 우리 아이들은 뒷좌석에서 여전히 잠들어 있었습니다.
　나는 차문을 걸어 잠그고 시동을 끈 다음 주차 등을 켜고 팔을 뻗쳐 아내의 팔을 잡았습니다. 나는 아내를 내 쪽으로 잡아당기면서 두 팔로 안기 위해 아내의 몸을 옆으로 돌려놓았습니다. 운 나쁘게도 그렇게 하는 과정에서 운전대에 아내의 머리가 세게 부딪치고 말았습니다.

　"도대체 뭐 하는 거예요?"
　아내가 소리쳤습니다.

84 나를 바꿔라

"분위기 잡고 있잖아."

내가 말했습니다.

"빨리 집에 가기나 해요."

아내는 역겨운 듯이 대답했습니다.

"난 도저히 안 된다니까. 내가 썰렁하게 있으면 당신은 성화를 하고, 내가 막상 분위기 좀 잡으려고 하면 당신은 역겨워하니 말이야."

나는 실망한 투로 말했습니다.

내 말을 오해하지는 마십시오. 단지 내가 아내를 나에게 완전히 빠지게 하지 못했다고 해서 내가 사랑에 빠져 있지 않다는 뜻은 아닙니다. 사실은 정반대입니다. 나는 페기와 결혼하던 때보다 지금 그녀를 더 깊이 사랑하고 있습니다. 그녀가 주례자 앞에 서 있던 나를 향해 청중들 사이를 걸어올 때 나는 로맨틱한 감정에 휩싸여 몹시 흥분했었습니다. 그러나 지금은 그때의 로맨틱한 감정들이 모두 사랑이었는지 묻지 않을 수 없습니다.

그렇다고 해서 내가 로맨스를 이해하지 못한다거나 그 경이로

사랑

움과 흥분을 제대로 알지 못한다는 말은 아닙니다. 단지 나는 사랑이 로맨스보다 훨씬 더 깊이가 있다는 사실을 확실히 말하고 싶을 뿐입니다. 게다가 성경의 언어는 이러한 차이를 분명히 지적하고 있습니다.

성경에는 사랑에 해당하는 단어가 여러 개 있는데, 제각기 다른 정서적 경험을 내포하고 있습니다.

우리가 로맨스에 대해 갖고 있는 관념에 가장 가까운 것이 그리스어 '에로스(eros)'입니다. 영어 단어 '에로틱(erotic)'이 바로 이 말에서 유래된 것입니다.

사랑을 가리키는 두 번째 그리스어 단어는 '필로스(philos)'입니다. 이 두 번째 종류의 사랑은 삶에 있어서 같은 목표와 목적에 헌신한 두 사람 사이에서 자라나는 것입니다. 이것은 공통된 믿음과 관심사를 공유하는 사람들 사이에서 떠오르는 것입니다. 이것은 일생 동안 공동으로 헌신할 대상을 확고히 정한 두 사람 사이에 존재하게 되는 사랑입니다.

그리스인들이 말한 세 번째 사랑은 '아가페(agape)' 입니다. 이것은 사랑하는 대상 안에 가치를 창조하는 특별한 사랑입니다. 우리에게는 두 번째와 세 번째 유형의 사랑이 좀 자세히 분석해볼 만한 가치가 있을 것입니다.

고대 그리스 철학자인 플라톤은 우리가 필로스의 의미를 이해하는 데 도움이 될 수도 있는 사랑에 관한 흥미로운 이야기를 했습니다. 그는 우리에게 삼각형 한 개를 상상해보라고 했습니다. 플라톤은 우리에게 그 상상 속의 삼각형 밑변을 따라 우리가 삶 속에서 중대하고 중요하다고 생각하는 모든 것들을 배열하도록 했습니다. 그는 삼각형은 밑변에서 정점을 향해 올라갈수록 공간이 점점 더 작아져서 그곳에 들어갈 것들도 점점 더 줄어들게 된다고 말했습니다.

우리는 자신에게 가장 덜 중요한 것들을 떨어내고 자신이 가장 중요하게 여기는 것들을 계속 붙잡을 것입니다. 마침내 삼각형의 정점에 도달하면 그곳에는 단 한 가지만 들어갈 수 있는 공간이 남습니다.

사랑

플라톤은 이렇게 질문했습니다.

"당신이 다른 모든 것을 버리고 난 후에도 계속 붙잡을 그 한 가지는 무엇인가?"

당신이 그리스도인이라면 "예수님!"이라고 대답해야 할 것입니다. 그리스도인이 되는 것은 단순히 예수님을 믿는 것으로 그치는 것이 아닙니다. 그것은 "내가 해야 할 오직 한 가지는 다른 모든 것을 제쳐두고 나 자신을 예수님께 드리는 것이다. 나는 그분을 계속 붙잡을 것이다. 설사 다른 모든 것을 희생해야만 할지라도"라고 말할 수 있게 되는 것입니다.

이러한 믿음의 신포를 할 때마다 그리스도인의 헌신의 본질을 이해하지 못하는 사람들은 이렇게 물을 것입니다.

"당신 남편은 어떻게 하죠?" 또는 "당신 부인은 어떻게 하죠?"

그리스도인은 언제나 그리스도를 첫째에 둔다는 것이 나의 대답입니다. 그것이 그리스도인이 된다는 말의 의미입니다. 그래서 예수님께서는 제자들에게 "나를 아버지나 어머니, 형제나 자매보다 더 사랑하지 않는 자는 내게 합당치 아니하다"라고 말

88 나를 바꿔라

씀하신 것입니다.

이것이 부도덕하고 불의한 요구라고 생각하는 사람들에게 나는 예수님을 첫째로 여기는 사람은 더 나은 남편이나 더 나은 아내가 된다는 진리를 말해주고 싶습니다.

그리스도인의 삶을 살아온 사람들은 그리스도께 헌신하면 필연적으로 배우자도 사랑하게 된다는 사실을 알고 있습니다.

남편이 그리스도께 헌신하고 있다면 그는 날마다 그리스도께로 더 가까이 나아가고 있는 것이며 아내가 그리스도께 헌신하고 있다면 마찬가지로 날마다 주님께로 더욱더 가까이 나아가고 있는 것입니다. 그러면 그들은 필연적으로 서로에게 점점 더 가까이 다가가게 될 것입니다. 만약 두 사람이 똑같은 삶의 궁극적인 목표를 가지고 있고 똑같은 궁극적인 실재에 헌신하고 있다면, 두 사람 모두 각자의 삶 속에서 그리스도를 최우선으로 여기며 그분을 향해 나아간다면 그들은 서로에게 점점 더 가까이 다가가게 될 것입니다.

성경이 그리스도인들에게 그리스도인과만 결혼하도록 권면

사랑

하는 것은 바로 이런 이유 때문입니다.
성경의 권면은 이렇습니다.

> "너희는 믿지 않는 자와 멍에를 같이하지 말라 의와 불법이 어찌 함께하며 빛과 어두움이 어찌 사귀며"(고후 6:14)

이렇게 권면한 사도 바울은 완고하거나 편협한 사람이 아니었습니다. 그는 단지 같은 믿음을 공유하지 않는 사람들 사이에서는 필로스가 절대로 자라날 수 없다는 전제를 말하고 있었던 것입니다.

한 사람은 그리스도께 헌신하고 다른 한 사람은 그렇지 않다면 그들은 필로스 안에서 성장하지 못할 것입니다. 대신 그들은 서로에게서 점차 떨어져나갈 것입니다. 똑같은 믿음을 공유하지 않은 까닭에 그들은 세월이 흐르는 동안 점점 더 분리될 것입

그리스도인은 언제나 그리스도를 첫째에 둡니다.
그것이 그리스도인이 된다는 말의 의미입니다.

니다. 각자 뚜렷이 다른 개인주의적인 생활양식을 만들어 나갈 것입니다.

그들은 로맨틱한 관계를 맺고 있을지는 모르지만 필로스 안에 약속 되어 있는 종류의 친밀함은 절대 갖지 못할 것입니다.

어떤 현대 철학자는 이러한 관계를 이렇게 묘사했습니다.

"그는 홀로 걷기를 좋아했다. 그녀는 홀로 걷기를 좋아했다. 그들은 결혼했으며 그들은 함께 홀로 걸었다."

함께 홀로 걷는 것이 불가능하다고 생각한다면 주위를 둘러보십시오. 함께 홀로 걷고 있는 수많은 부부들을 보게 될 것입니다. 아내의 관심사와 헌신 대상이 남편의 것과 전혀 다른 무수한 결혼생활을 보게 될 것입니다. 그들은 절대 말다툼하지 않습

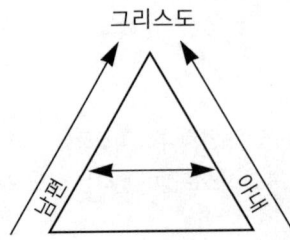

남편과 아내가 그리스도를 향하여 가까이 나아가면 두 사람 사이의 거리는 줄어들어서 서로에게 점점 더 가까이 나아가게 된다.

니다. 그들은 절대로 싸우지 않습니다. 그것은 그들이 말다툼하고 싸울 거리가 하나도 없기 때문입니다.

각자 다른 세계에서 살고 있기 때문입니다. 각자 다른 세계에 살고 있는 사람들은 충돌이나 분쟁을 일으킬 소지를 갖고 있지 않습니다. 말다툼이 반드시 결혼생활에 문제가 있음을 나타내는 징조라고 할 수는 없습니다.

사실상 말다툼은 공통적인 목표와 헌신을 나누고 궁극적인 관심사가 똑같은 사람들 사이에서 일어나는 경우가 많습니다. 같은 것에 집중적으로 관여하고 있을 때 마찰은 불가피하게 일어나기 마련입니다.

사랑이 없다는 표시는 충돌보다는 무관심으로 나타나는 경우가 더 많습니다. 사람들은 같은 헌신 대상이나 관심사를 갖고 있지 않을 때 서로 무관심하게 됩니다. 결혼생활에 필로스가 생겨나려면 두 사람 모두가 같은 목표를 지향하고 있어야만 합니다.

나는 그리스도인은 그리스도께 대한 헌신을 공유하지 않는 어느 누구와도 결혼하지 말라는 바울의 가르침에 절대 찬성합니다. 당신이 그리스도인이라면 그리스도인과만 결혼해야 합니다.

그리고 덧붙여서 나는 어떤 사람이 당신이 속해 있는 교파나 다른 기독교 교파에 속해 있다고 해서 그 사람이 반드시 그리스도인이라고 할 수는 없다는 점을 지적하고 싶습니다.

빌리 그레이엄은 현재 교회에 등록한 교인들 가운데 절반이 넘는 사람들은 그리스도께 헌신하겠다고 결단한 적이 한 번도 없으며 정당한 의미에서 그리스도인으로 불릴 수 없다고 지적했습니다. 당신이 그리스도인이라면 예비 배우자가 그저 교회 회원이 아니라 진짜 그리스도인인지를 확인해야만 합니다. 다행히 당신이 가진 믿음을 공유하는 사람과 연결된다면 거기에는 우리 문화의 로맨스를 훨씬 뛰어넘는 사랑이 생겨날 가능성이 있습니다. 필로스가 자라날 소망이 있는 것입니다.

우리 집 근처에 있는 브라인 모(Bryn Mawr) 대학은 수재들

사랑

 이 모이는 여학교입니다. 나는 그 학교에서 몇 차례 초청을 받아 특별 강연을 했습니다. 그들은 내가 열렬한 여권 운동가이기 때문에 내가 자신들의 학교에 오는 것을 좋아했습니다.
 여권 신장 운동에 대한 나의 지지는 그 명석한 여성들에게 대단히 인기가 있습니다. 대부분의 사람들처럼 그들도 자신들과 의견이 일치하는 사람들의 이야기를 듣기 좋아하기 때문입니다.

 한번은 브라인 모에서 전통적인 결혼을 비평하는 강연을 해달라는 요청을 받은 적이 있습니다. 나는 현대 산업 사회의 맥락 속에서 결혼 제도의 효용성을 평가해달라는 요청을 받았습니다. 많은 청중의 기대와는 정반대로 나는 전통적인 가정의 가치들을 성경에 명시되어 있는 내용에 따라 강력히 옹호하였습니다.
 내가 강연을 끝냈을 때 나의 이야기를 들으러 왔던 그 명석한 젊은 여자들 몇 명이 나와 함께 논쟁을 시작했습니다. 그들은 아는 것도 무척 많고 말솜씨도 대단해서 나는 그들이 나를 압도하

94 나를 바꿔라

고 있다는 것을 금방 알아차렸습니다.

그들이 논쟁에서 나를 이기고 나를 지적으로 묵사발을 만들고 있다는 것에는 의문의 여지가 없었습니다.

그들의 주장은 로맨스가 성적인 관계와 결혼의 궁극적인 기초라는 것이었습니다. 그들은 로맨스가 사라지면 두 사람이 소위 '빈껍데기 결혼' 속에서 어쩔 수 없이 살면서 인간성을 상실하는 비극을 피하기 위해 아예 관계를 끝내는 것이 최선이라고 믿었습니다.

그들은 성경에 대한 나의 선험적인 추론을 받아들이기를 거부했기 때문에 나는 그들에게 내 견해를 납득시키는 데 애를 먹고 있었습니다. 내가 포기를 하고 참패를 맛보기 바로 직전에 나는 어떤 이야기를 기억해 내어서 논쟁을 유리하게 이끌 수 있었습니다. 그 이야기는 저명한 신학교 교수였던 친구가 들려준 것이었습니다.

예전에 그 친구는 55년 동안 결혼생활을 하신 어머니가 돌아가실 때 일어난 사건들을 나에게 확실하고 자세하게 이야기해

사랑

주었습니다. 그는 어머니가 아침 식사를 하러 내려왔다가 식사를 마친 다음 의자에서 갑자기 의식을 잃게 된 정황을 말해주었습니다.

아버지가 황급히 달려가 어머니를 두 팔로 들어올려 집 밖으로 안고 나갔습니다. 다른 모든 사람들은 충격과 두려움으로 얼어붙어 있는 듯했습니다. 이웃 사람들은 이 노인이 아내를 픽업 트럭 앞좌석에 앉힌 채 자동차 경주에 참가한 십대 소년처럼 차를 몰고 고속도로로 달려 나가는 모습을 보고 뭔가 끔찍한 일이 일어났다는 것을 알았습니다. 아버지가 어머니를 데리고 병원에 도착하자마자 사망 진단이 내려졌습니다.

장례식 날 사람들은 오후 늦게 묘지로 나와 어머니의 시신을 무덤에 묻었습니다. 장례식이 끝나고 친구의 아버지와 두 아들은 집으로 돌아왔습니다. 그들은 집 앞 베란다에 앉아 오랫동안 이야기를 나누었습니다.

그들은 어머니에 대한 101가지 이야기를 떠올렸습니다.

그 이야기들 가운데 어떤 것은 유머가 담겨 있는 것도 있지만,

96 나를 바꿔라

모든 이야기가 감동적이었습니다. 저녁 늦게 친구의 아버지가 물었습니다.

"너희 엄마가 지금 어디 있을까? 지금 뭘 하고 있을까? 저 높은 천국에 올라가 있는 기분이 어떨까?"

둘 다 뛰어난 신학자인 내 친구와 그 형제는 죽음 후의 삶의 모습에 대해 사색하기 시작했습니다. 그들은 어머니가 바로 그 순간에 무엇을 하고 있을까 상상해보려고 노력했습니다. 그들은 성경에서 천국과 사후의 삶에 대해 말씀하시는 내용을 설명하려고 최선을 다했습니다. 그들은 아버지에게 아름다운 이야기들을 들려주었고 아버지는 말 한 마디와 설명 하나 하나에 열심히 매달렸습니다. 두 아들은 생각해 낼 수 있는 것들이 바닥났을 때 이야기를 마쳤고, 그때 친구의 아버지가 말했습니다.

"나를 다시 데려다다오. 나를 묘지로 다시 데려다다오."

"지금은 그곳에 갈 수 없어요. 11시가 넘었어요. 내일 아침에 가요."

내 친구가 말했습니다.

사랑

"나를 막지 말거라. 55년 동안 함께한 아내를 막 땅에 묻은 나를 설득하려 들지 말거라."

친구의 아버지가 호소했습니다.

그래서 그들은 아버지를 설득하지 않고 묘지로 데려갔습니다. 친구의 아버지는 손전등으로 아내의 무덤을 살펴보았습니다. 꽃들이 아내가 원하던 대로 놓여 있는지 확인했습니다. 묘비에 새겨진 글자들을 손가락으로 더듬어보았습니다. 그러고 나서 무덤에서 물러서며 말했습니다.

"행복한 55년이었다. 게다가 바로 내가 원하던 식으로 끝났구나. 애들아, 나는 그 사람이 먼저 죽어서 행복하단다."

나는 그 말이 무엇을 의미하는지 안다고 생각합니다.

두 사람이 그리스도께 대한 공통된 헌신 속에서 일생을 함께하며 필로스로 서로를 사랑하며 공통된 목표와 목적을 공유할 때, 그들은 서로 상대방이 먼저 죽기를 바랍니다. 배우자를 땅에 묻는 고통과 고뇌를 상대방이 겪지 않기를 두 사람 모두 바라는 것입니다. 홀로 남겨진 외로움을 상대방이 겪지 않기를 두 사

98 나를 바꿔라

람 모두 바라는 것입니다. 그 노인이 "바로 내가 원하던 식으로 끝났구나. 얘들아, 그 사람이 먼저 죽어서 행복하단다"라고 말한 이유를 쉽게 이해할 수 있습니다.

그리고 나서 노인은 무덤에서 물러나 두 아들을 팔로 감싸 안았습니다. 그는 아들들을 가까이 끌어당기며 말했습니다.

"이제 집에 갈 수 있다. 집에 갈 수 있어. 좋은 하루였다."

냉소적이었던 청중들은 말이 없어졌습니다. 그 이야기에 감동한 기색이 역력했습니다. 나는 그 침묵을 이용하여 말했습니다.

"여러분과 여러분의 로맨티시즘은 55년 동안 그 두 사람 사이에 어떤 일이 벌어졌는지 이해할 수 없을 것입니다. 여러분은 심지어 그들의 관계를 에로티시즘에 대한 여러분의 기대가 빠져 있는 상태로 판단해버렸을지도 모릅니다. 하지만 나는 그 노부부의 관계에는 여러분의 로맨티시즘을 상대적으로 피상적으로 보이게 만드는 깊이를 가지고 있었다고 조심스럽게 추측해봅니다."

사랑

　내가 이겼다는 것을 알았습니다. 논쟁은 끝났습니다. 그들은 필로스의 개념을 어렴풋이 이해한 것입니다. 그것은 같은 목표와 목적을 공유하는 두 사람 사이에서 자라는 사랑이며 예수님께 공통적인 헌신을 한 사람들 사이에서 자라는 사랑입니다. 그리고 그들은 그런 사랑이 에로스보다 우월하다는 사실을 깨달았습니다.
　우리 주님은 이러한 종류의 관계를 경험할 수 있도록 우리 각 사람을 초청하십니다. 이런 관계는 우리 사회에 과대 선전된 로맨스를 상대적으로 경박한 것으로 만들어줍니다.
　필로스! 필로스를 경험할 수 있는데 로맨스로 만족할 사람이 누가 있겠습니까?

　'아가페'는 그리스인들이 생각한 세 번째 종류의 사랑입니다. 아가페 사랑은 아주 독특하고 강력하여 정의하기가 힘듭니다. 아마도 하나님께 완전히 항복한 사람들만이 아가페 사랑의 중요한 의미를 이해할 수 있을 것입니다. 그것은 하나님 자신이 그분의 백성들의 삶 속에 만들어내시는 사랑입니다. 당신이 하

하나님께 항복하고 성령님께서 당신의 삶 속에 들어오시도록 기도할 때 당신은 이 세 번째 종류의 사랑을 경험하기 시작할 것입니다.

하나님께서 당신의 인격을 소유하실 때 그분의 영께서 당신 안에 들어가셔서 당신 속에 하나님께 저항하는 사람들은 도저히 알 수 없는 사랑을 창조하실 것입니다. 당신이 하나님의 영께 항복할 때 그 모든 능력과 영광과 함께 아가페를 경험하게 됩니다.

아가페는 가치를 창조하는 사랑입니다. 사랑의 대상은 아가페에 의해 소중한 존재로 만들어집니다. 아가페는 사랑받는 사람이 매력이 있는지, 또는 사랑받을 가치가 있는지를 따지지 않

> 하나님께서 당신의 인격을 소유하실 때
> 그분의 영께서 당신 안에 들어가셔서
> 하나님께 저항하는 사람들은 도저히 알 수 없는
> 사랑을 당신 속에 창조하실 것입니다.

사랑

습니다. 반대로 그 사람은 사랑받고 있기 때문에 매력 있고 가치 있게 됩니다. 간단히 말하면, 당신이 소중하고 아름답기 때문에 내가 당신을 사랑한다면 그것은 에로스입니다. 하지만 내가 당신을 사랑하기 때문에 당신이 소중하고 아름답다면 그것은 아가페입니다.

나는 하나님께서 모든 인간에게 각각 독특한 방식으로 자신을 나타내신다고 굳게 믿습니다. 나는 각 사람이 하나님의 특별한 계시라고 확신합니다.

결과적으로 나와 아내와의 관계는 그 사실에 의해 조건화됩니다. 나는 그녀 안에 독특한 방식으로 계시된 하나님을 발견합니다. 그분께서 그녀 안에 계시하시는 독특한 방식으로 하나님을 내게 계시할 수 있는 다른 사람은 이 세상에 아무도 없습니다. 그녀는 다른 누구와도 같지 않습니다. 다른 어느 누구도 내게 그녀가 하는 것처럼 하나님을 제시할 수 없기 때문입니다.

따라서 내 아내는 내게 무한히 독특한 존재이며, 그녀의 독특함으로 인해 그녀는 나를 사랑하게 되고, 나는 그녀를 사랑하게 됩니다. 내가 다른 사람과 결혼했다면 불가능했을 방식으로 말입니다.

우리 아들 바트가 어렸을 때 특히 아끼는 담요가 있었습니다. 많은 어린아이들이 자기 담요에 애착을 갖습니다.

바트도 자기 담요를 무척 좋아해서 그 담요가 얼굴에 닿는 촉감을 느끼지 않고서는 수월하게 잠들지 못했습니다. 그 아이는 마틴 부버(Martin Buber)가 "나와 너(I-Thou)"의 관계라고 불렀던 관계를 그 담요와 맺었던 것입니다.

바트는 그 담요에 '고그'라는 이름까지 붙여주었습니다. 그것이 제자리에 없으면 그 아이는 난리를 쳤습니다. 담요를 잃어버렸을 때는 절망적이었습니다. 담요가 세탁기에 들어가 있을 때도 담요를 내놓으라고 소리쳤습니다.

우리는 담요를 절반으로 찢어서 한 쪽이 세탁기에 들어가 있는 동안 다른 한 쪽을 그 아이에게 주는 방법으로 이 문제를 해결했습니다.

어느 날 밤, 강연을 마치고 집으로 돌아가는 중이었습니다. 바트는 뒷좌석에 앉아 있었습니다. 아이는 피곤해서 결국 짜증

사랑

을 부리기 시작했습니다.

지친 아이들이 그렇듯이 심하게 징징거렸습니다. 나는 아내에게 말했습니다.

"쟤한테 고그를 줘요."

아내가 대답했습니다.

"난 안 가지고 있는데요. 당신이 갖고 있지 않아요? 우리가 집에서 나올 때 내가 당신한테 마지막으로 고그를 챙기라고 말했잖아요."

그러나 아내와 나는 말다툼할 겨를이 없었습니다. 뒷좌석에 있는 공동의 적을 해결하기 위해 단합해야 했습니다. 우리는 한 시간 동안 아이의 심한 투정을 참아내야 한다는 것을 알았습니다. 그때 당장 고그를 만들어내 아이를 잠잠하게 할 수 있는 사람이 있었다면 50달러라도 선뜻 내주었을 것입니다.

고그를 살펴보면 그 물건 자체에서는 아무런 가치도 느낄 수 없습니다. 사실 우리는 집에 손님이 오면 그것을 감추려고 애를 씁니다. 고그는 낡아서 너덜너덜한 넝마가 되었기 때문에 객관적으로 말하면 그 담요는 어떠한 가치도 전혀 없었습니다.

그럼에도 불구하고 고그는 우리에게 환상적인 가치가 있었고, 그 가치는 바트가 창조한 가치였습니다. 그 담요에 대한 아이의 애착으로 인해 우리 아이뿐 아니라 우리도 그것을 소중하게 여기게 된 것입니다.

그것은 아가페 사랑과 비슷합니다. 사랑의 대상은 그 자체로는 아무 가치도 없을지 모릅니다. 그러나 가치는 그 대상이 사랑받고 있다는 사실로 인해 창조됩니다. 아가페 사랑은 무조건적입니다. 그것은 획득할 필요가 없습니다.

그것은 자격이 없는 것에 그냥 주어지는 것입니다. 그리고 그것이 하나님께서 우리를 사랑하는 방식이며 우리가 서로를 향해 베풀어야 하는 사랑의 방식입니다.

아가페 사랑의 훌륭한 본보기는 로레인 한스베리(Lorraine Hansberry)의 감동적인 연극 〈태양 속의 건포도〉에서 볼 수 있습니다. 그 연극은 시카고의 사우스사이드에 사는 한 흑인 가족에 관한 것입니다. 그 가족의 아버지는 보험 덕분에 죽으면서 유산을 조금 남기게 됩니다. 그 가족은 약 1만 달러를 물려받았

사랑

던 것 같습니다. 어머니는 그 돈을 자신이 가장 원했던 꿈을 이루는 데 쓰고 싶어했습니다. 그녀는 가족을 데리고 도시 반대편에 있는 작은 집으로 이사 가는 상상을 합니다. 덧문이 달려 있고 꽃들이 만발한 화분들이 창가에 늘어서 있는 목조주택을 꿈꿉니다. 꽃들이 만발한 화분들은 그러한 집이 그녀와 가족들에게 가져다줄 것으로 믿었던 환희를 상징합니다.

그런데 문제는 아들이 사업에 착수하기 위해 그 돈을 원한다는 것이었습니다. 이 청년은 그때까지 한 번도 기회를 얻지 못했습니다. 그는 한 번도 쉰 적이 없지만 한 번도 직업을 가져본 적이 없었습니다. 그런데 그때 '사업거리'를 가진 친구가 있었습니다. 이 친구는 자기의 사업거리를 가지고 함께 사업을 시작하면 많은 돈을 벌어들일 수 있을 거라고 그 아들을 설득합니다. 그러면 그 아들은 가족을 위해 좋은 일을 할 수도 있을 것입니다. 그는 항상 가족을 위해 좋은 일을 하고 싶어했습니다.

그는 어머니에게 돈을 달라고 애걸합니다. 처음에 그의 어머니는 그에게 그 돈을 주기를 거부하지만 결국 그녀는 자기가 져

줘야 한다는 것을 알았습니다.

그녀가 어떻게 아들의 간청을 거절할 수 있겠습니까?

그는 살아오면서 가치 있는 일을 할 기회가 단 한 번도 없었습니다. 어떻게 그녀가 가족을 위해 무엇인가를 할 수 있는 기회를 달라고 애원하는 아들에게 등을 돌릴 수 있겠습니까?

그녀는 그 돈의 절반을 아들의 손에 쥐어줍니다. 그 다음에 일어나는 일은 당신이 상상할 수 있습니다.

그 가족이 집에 함께 모였을 때, 그 사기꾼에게 당한 다른 피해자가 찾아와 아들의 '친구'가 돈을 갖고 도주했다는 소식을 알려줍니다. 고개를 떨구고 어깨가 축 늘어뜨린 아들은 자초지종을 털어놓습니다. 그의 누이 베네사는 자제하지 않고 험한 말로 그의 마음을 찢어놓습니다. 그녀는 그를 갈기갈기 찢어놓습니다. 멸시하는 말을 퍼부어댑니다. 그가 그토록 어리석었던 것을 질책합니다. 가족 모두가 여러 해 동안 살아온 지옥에서 빠져나갈 수 있는 유일한 수단을 그가 잃어버렸다고 비명을 지릅니다. 누이가 한바탕 비난을 퍼붓기를 그친 후에 어머니는 딸에게 말합니다.

사랑

"나는 너한테 동생을 사랑하라고 가르쳤다."
베네사가 소리치며 대꾸합니다.
"저 녀석을 사랑하라고요?
사랑할 만한 게 하나도 없어요."
그러자 어머니는 이렇게 말합니다.
"언제든 사랑할 만한 무언가가 있는 법이야. 네가 그것을 배우지 못했다면 너는 아무것도 배우지 못한 거란다. 너 오늘 저 애를 위해 울어봤니? 돈을 잃어버렸다고 너 자신을 위해, 가족을 위해 운 것 말고. 저 애를 위해, 저 애가 겪은 일과 당한 일 때문에 말이다. 얘야, 너는 누군가를 가장 사랑해야 할 때가 언제라고 생각하니? 그 사람이 모든 사람에게 좋은 일을 하고 일을 쉽게 만들어줄 때라고 생각하니? 그렇다면 너는 아무것도 배운 게 없다. 왜냐하면 그게 아니기 때문이지. 누군가를 가장 사랑해야 할 때는 그 사람이 가장 낮아졌을 때, 자기도 자신을 믿지 못하게 되었을 때란다. 왜냐하면 세상이 그를 그렇게 채찍질했기 때문이지. 네가 누군가를 평가하기 시작할 때는 그 사람을 똑바로 평가해라. 얘야, 똑바로 평가해. 그 사람이 지금 어디에 서

있든지 그 전에 어떤 산과 골짜기를 지나왔을지 반드시 먼저 생각해보렴."

그것이 아가페 사랑입니다. 그것이 바로 상대방이 사랑받을 자격이 없을 때조차 흘러나오는 사랑입니다. 그 연극 속의 어머니는 우리에게 하나님의 사랑을 어느 정도 보여주고 있습니다.

하나님께서는 당신이 잘할 때 당신을 사랑하십니다. 그분은 당신이 가치 있는 무엇인가를 성취했을 때 기뻐하십니다. 하지만 더 좋은 소식이 있습니다. 그분은 당신이 잘못했을 때에도 당신을 사랑하신다는 것입니다.
당신이 엉망진창이 되었을 때에도 당신을 사랑하십니다.
당신이 끔찍한 짓을 했을 때에도 당신을 사랑하십니다.
당신이 상상할 수 있는 가장 비열한 짓을 했을 때에도 당신을 사랑하십니다.
당신이 무엇을 했든 간에 하나님께서는 여전히 당신을 사랑하십니다.

사랑

당신이 어떤 인물이든 상관하지 않으시고 하나님께서는 여전히 당신을 사랑하십니다. 그것이 아가페의 본질입니다.

아가페 사랑은 에로스와 달리 엄청나게 안정적입니다. 이것은 절대 시들지 않는 끝없는 사랑입니다. 고린도전서 13장의 사도 바울의 말을 빌려 말하면 "사랑은 언제까지든지 떨어지지 아니합니다."

또 한 가지 중요한 사실이 있는데, 그것은 하나님의 아가페 사랑이 한 사람을 통해서 다른 사람의 삶 속으로 흘러갈 수 있다는 것입니다. 우리는 하나님의 사랑이 '퍼져나가' 다른 사람들이 그 사랑을 경험할 수 있도록 해주는 통로가 될 수 있습니다.

이 사실은 나와 아내와의 관계에 중대한 영향을 주었습니다.

내가 앞에서 언급했듯이 그녀를 만난 지 얼마 지나지 않았을 때 나는 로맨틱하게 '흥분한' 상태였습니다. 에로스가 나를 결혼으로 이끌었습니다. 하지만 결혼을 유지하는 데 에로스는 충분하지 않았습니다. 그렇게 해준 것은 아가페였습니다. 나를 통해 아내를 사랑하시는 하나님께서 여러 해 동안 나를 아내 가까

110 **나**를 바꿔라

이 붙어 있게 하셨습니다. 대부분의 다른 사람들과 마찬가지로 나도 다른 여자들로부터 에로틱한 '자극'을 받을 뻔한 적이 여러 번 있습니다. 그러나 하나님의 아가페 사랑으로 인해 나는 아내에게 변함없이 충실할 수 있었습니다.

   내가 직장에서 하루를 시작하는 모습을 상상해보십시오.
   내가 사무실에 도착합니다. 연구 자료를 꺼내 책상 위에 펼쳐 놓습니다. 그때 명랑하고 몸매가 아름다운 내 연구 조교가 들어옵니다. 그녀의 하이힐 소리가 타일 바닥에 또각또각 울려 퍼지면서 그녀가 내 책상 앞으로 다가옵니다.
   "안녕하세요? 캠폴로 박사님."
   그녀가 방긋 미소를 짓습니다.
   "오늘 아침에 제가 뭐 도와드릴 일이 있나요?"
   그 말에 나는 어떻게 대답해야 할지 몰라 당황합니다. 나는 내 마음속에 불현듯 일어나기 시작했을 어떤 생각에 대해 암시를 하는 것만으로도 당신이 충격을 받았다는 것을 압니다.
   당신은 말합니다.

사랑

"당신은 그리스도인답게 행동해야 합니다! 당신은 하나님의 사람다워야 합니다!"

물론 나는 그리스도인이고 하나님의 사람이 되려고 노력합니다. 하지만 그리스도인들도 다른 사람들과 똑같은 흥분과 유혹을 경험합니다. 그리스도인들의 다른 점은 그들이 주님을 의뢰하고 이러한 유혹들을 이겨낼 내면의 힘을 구할 수 있다는 것입니다.

그 조교가 내 책상 앞으로 몸을 기울일 때 나는 속으로 이렇게 웅얼거립니다.

"하나님, 당신의 소유물이 위험에 처해 있습니다."

로맨틱한 흥분이 나를 유혹할 때마다 언제나 변함없는 하나님의 아가페 사랑의 힘으로 나는 아내에게 계속 충실하게 됩니다. 더 나아가 하나님께서는 그분이 내 안에 거하실 뿐 아니라 아내 안에도 거하신다는 사실을 민감하게 느끼게 하십니다. 아내에게 신실하지 않은 것은 하나님께 신실하지 않은 것을 의미하기도 합니다. 아내에게 상처를 입히는 것은 그분께 상처를 입히는 것을 의미하기도 합니다. 나를 통하여 아내에게 흘러가는 하나님의 사랑은 아내에게서 찾아낼 수 있는 하나님의 임재와 더불어 결국 내가 아내에게 계속 신실할 수 있게 해주는 모든 것입니다. 나는 하나님으로부터 오는 이 아가페 사랑에 영원히 감사드릴 것입니다. 오직 그 사랑만이 에로스가 만들어 내는 로맨틱한 유혹들을 압도할 능력이 있다는 것을 알기 때문입니다. 아내와의 일상적인 관계 속에서도 나는 옛날 성찬식 찬송가의 진리를 확인할 수 있습니다.

> 주 믿는 형제들
> 사랑의 사귐은
> 천국의 교제 같으니
> 참 좋은 친교라

사랑에 대한 논의를 마치기 전에 나는 한 가지 더 단언하고 싶습니다. 나는 결혼한 지 얼마 지나지 않아 로맨스가 사라진다고 앞에서 말했습니다. 이제 '로맨스는 더 깊은 종류의 사랑의 영향을 받게 되면 부활하지만, 그렇지 않을 경우에는 사라진다'라고 정정하겠습니다.

사랑

나는 필로스와 아가페가 그렇게 우리의 관계를 조성하고 있기 때문에 로맨스가 지속적으로 우리 사이에 터져 나오는 것을 발견했습니다. 나는 자꾸만 거듭해서 아내와 사랑에 빠지는 것을 느낍니다. 십대의 로맨스의 특징인 흥분, 에로티시즘과 황홀경을 원숙한 66세의 나이에 경험하고 있습니다.

내가 14살 때 한 친구가 준 시 한 편이 있습니다.
나는 한 번도 이 시를 잊은 적이 없습니다. 이 시는 내게 한 사람의 인성에 영적인 면들이 있다면 로맨스는 언제나 다시 불타오를 수 있다는 사실을 떠올리게 합니다.

> 한때 사랑이 자랐던 곳을 사뿐히 걸어보라
> 모든 봄은 부활의 증거이고
> 모든 크리스마스는 사랑의 부활을
> 나타내는 증거라네

앨런 앨더(Alan Alda)는 자신이 출연한 영화 '4계(The Four Seasons)'에서 아내에게 여전히 로맨틱한 감정을 느끼느냐는 질문을 받습니다.

그는 "그것은 파도처럼 옵니다"라고 대답합니다.

나도 그렇게 말할 수밖에 없을 것 같습니다. 내게도 로맨스는 파도처럼 옵니다. 나는 항상 로맨스를 느끼지는 않습니다. 대부분의 사람들도 항상 로맨스를 느끼지는 않는다고 생각합니다. 그렇기는 하지만 나는 로맨스를 확실히 느낍니다.

로맨스는 여전히 경이로움과 환희로 나를 사로잡습니다. 여전히 나를 깜짝깜짝 놀라게 합니다. 여전히 나의 삶에 감미로운 면들을 더해줍니다. 게다가 세월이 지날수록 더욱 자주 생겨납니다. 당신은 그것이 좋은 소식이라는 것을 인정해야 합니다.

삶 속에 기쁨과 성취를 가져오는 종류의 사랑을 찾고 있는 사람들에게 나는 예수님과의 관계에서 흘러나오는 사랑의 경험을 추천하기를 부끄러워하지 않습니다. 나는 그리스도의 복음을 부끄러워하지 않습니다. 이 복음이 사랑에 대한 우리의 모든 필요를 채워주기 때문입니다.

CHAPTER **4**

'나를 바꿔라' 복음으로!
기적

'나를 바꿔라' 복음으로!
기적

 나는 그리스도의 복음을 부끄러워하지 않습니다. 이 복음이 기적에 대한 나의 필요를 채워주기 때문입니다. 그리고 나는 복음이 기적에 대한 당신의 필요도 채워줄 것이라고 확신합니다.

내가 예수님께서 기적에 대한 우리의 필요를 채워주신다고 말하면, 자기 삶 속에 기적이 일어나기를 바라는 이들은 다른 시대에 속해 있는 것이라고 주장하는 사람들의 세련된 회의주의의 공세를 받습니다.

나를 중세시대로 보내버리고 싶어하는 이러한 회의론자들은 내가 현대 과학주의 시대를 사는 사람들보다는 중세의 수사들과 더 잘 어울릴 것이라고 여길 것입니다. 하지만 이 사이비 지식인들조차도 기적에 대한 필요를 가지고 있습니다.

 그러한 필요는 무의식적인 것일 수도 있기 때문에 그들이 그것을 깨닫지 못할 수도 있지만 조만간 그것은 표면으로 떠오를 것입니다.

 차들이 쌩쌩 달리고 제트기가 날아다니고 네온 불빛이 반짝이는 컴퓨터화 된 이러한 시대에 사는 사람들도 여전히 이적과 경이를 갈망하고 있습니다. 그들은 그러한 필요를 합리적 실증주의라는 허울 아래 숨기고 있을지도 모르지만 감정적으로는 초자연적인 것들에 대한 열망이 그들의 내면에서 여전히 타오르고 있습니다.

 미국 동부 명문대학교들의 도서관에 있는 신비술 책들과 엄청난 관객들을 끌어 모으는 초자연적인 소재의 영화들(해리 포터와 마법사의 돌, 왓 라이즈 비니스, 식스 센스 따위)처럼 우리가 살고 있는 세상의 모순들에 대해 어떻게 달리 설명할 수 있겠습니까?

 많은 사람들로부터 현대의 인간 정신을 탁월하게 묘사했다고

기적

평가받는 러시아의 소설가 표도르 도스토예프스키(Fyodor Dostoevsky)는 사람들이 자신들의 세속적인 삶에 기적을 필요로 한다는 사실을 분명히 보았습니다. 그는 소설『카라마조프의 형제들』의 '대심문관'이라는 부분에서 인간은 기적에 대한 기대 없이는 살아갈 수가 없다고 지적합니다. 그는 이렇게 말합니다.

인간은 하나님보다도 오히려 기적을 구하지. 인간이란 기적 없이는 살 수 없는 거야. 그래서 그들은 자신을 위해 멋대로 기적을 만들어내고, 마법이나 주술적인 행위들을 숭배하게 되지. 다른 사람보다 백 배나 더한 반역자이거나 이교도, 불신자라 할지라도 이 점에서는 역시 마찬가지란 말이야.

우리는 스스로 생각하는 것만큼 그렇게 합리적인 피조물이 아닙니다. 위기에 처했을 때 우리는 부르짖으며 기적을 구합니다. 암과 같은 비극이 닥치면 우리는 초자연적인 치료를 갈구합니다. 삶을 통제할 수 없게 되었을 때 우리는 신의 개입을 갈망합니다.

　현대의 많은 신학자들이 기적에 대해 당혹해 하는 것 같습니다. 그들은 종교를 전적으로 합리적인 측면에서 표현하려고 작정한 것처럼 보입니다. 그들은 기적 이야기를 자신들의 논의에서 배제시키고 '하나님 이야기'를 논리적이고 철학적인 체계로 축소시킵니다.

　대부분의 사람들이 현대 신학에 흥미를 느끼지 못하는 것도 바로 그 때문일 것입니다. 현대 신학은 매우 범주화되어 있고 매우 지적입니다. 그것은 기독교의 아주 많은 부분이 지적인 것들을 초월한다는 사실과 우리의 신앙에는 합리적인 틀 안에 딱 들어맞지 않는 영역들이 있다는 사실을 이해하지 못하고 있습

> 우리는 스스로 생각하는 것만큼
> 그렇게 합리적인 피조물이 아닙니다.
> 위기에 처했을 때 우리는 부르짖으며 기적을 구합니다.
> 삶을 통제할 수 없게 되었을 때
> 우리는 신의 개입을 갈망합니다.

기적

니다.

　몇 년 전에 나는 중서부에 있는 한 작은 대학에 강사로 초청받았습니다. 그 대학은 기독교인들에 의해 세워졌지만 기독교 정신은 잃어버린 그런 학교들 가운데 하나였습니다. 그 학교는 세속화된 상태였기 때문에 예전의 기독교적인 학풍은 흔적만 약간 남아 있을 뿐이었습니다. 그 중의 한 가지가 연례 종교 강조 주간이었습니다.

　대부분의 종교적인 대학들은 이러한 주간을 정해 놓고 이 기간을 통해 종교적으로 학생들의 '정신을 고양' 시키려고 노력합니다. 대개 이러한 노력은 별다른 변화를 일으키지 못합니다. 이 학교에서는 내가 그들 대신에 그 일을 해줄 수 있다고 믿고 그들의 죽은 자들을 부활시키기 위해 나를 초청했던 것입니다.

　나의 과제는 기독교가 얼마나 신나고 지적으로 논리정연한가에 관한 나의 강연에 억지로 참석하게 된 냉담한 학생들의 관심을 끄는 것이었습니다.

그 대학은 강연 일정을 저녁 시간에 잡아 놓았습니다. 둘째 날 밤 내 강연이 끝날 무렵에 한 여자가 아이를 품에 안은 채 강당의 통로를 걸어 내려왔습니다. 그 아이는 다리에 교정 장치를 착용하고 있었고, 그 여자는 그 학교 학생이 아닌 것이 분명했습니다. 게다가 그녀는 이상한 눈빛을 하고 있었습니다.

"무슨 일이신가요?"

내가 물었습니다.

그녀는 이렇게 대답했습니다.

"하나님께서 내게 여기로 오라고 말씀하셨어요."

나는 그 상황을 어떻게 수습해야 할지 몰랐습니다. 하나님께서 그녀에게 오라고 말씀하셨다면 그분께서 최소한 그녀가 올 것이라는 말씀은 나에게 해주셨어야 한다고 생각했습니다.

나는 물었습니다.

"저, 제가 당신을 위해 무엇을 해드릴 수 있다고 생각하시나요?"

"내 아이를 고쳐주십시오."

그녀가 말했습니다.

기적

내가 대답했습니다.

"아주머니, 저에게는 치유의 은사가 없습니다. 성경에 의하면 다양한 은사들이 있습니다. 어떤 사람들은 방언의 은사를 받고, 어떤 사람들은 예언의 은사를, 어떤 사람들은 치유의 은사를, 어떤 사람들은 가르침의 은사를 받지요. 가르침이 저의 은사입니다."

나는 내 대머리를 가리키며 "제가 병을 고칠 수 있다면, 제 꼴이 이렇겠어요?"라고 말하고 싶은 강한 충동을 억눌렀습니다. 그리고 그녀에게 치유가 나의 은사가 아니라고 말해주었습니다.

하지만 그녀는 물러서려고 하지 않았습니다.

"하나님께서 내게 오라고 말씀하셨어요."

그녀는 더욱더 힘주어 말했습니다.

학생들은 재빨리 사태를 파악했고 나는 청중석에 퍼져나가는 수군거리는 소리와 낄낄거리는 웃음소리를 들을 수 있었습니다. 내가 안절부절 어쩔 줄 모르는 모습을 보고 그들이 재미있어했다는 것은 의문의 여지가 없습니다. 그 대학의 교목이 내가 난처한 상황에 처한 것을 알아차렸습니다. 그는 아주 전형적인 대학 교목이었습니다.

당신도 그런 타입을 알 것입니다. 그들은 터틀넥 스웨터를 입고 커다란 십자가가 달린 목걸이를 목에 겁니다. 그들은 파이프 담배를 피우며 꽤나 현실 참여적인 인상을 주려고 애씁니다. 그가 나에게 오더니 물었습니다.

"무슨 문제인가요? 박사님."

"이 아주머니가 내게 아이를 고쳐달라고 하시는군요."

내가 말했습니다.

그가 물었습니다.

"도와드릴까요?"

"네, 제발!"

내가 대꾸했습니다.

그 교목은 청중을 향해 이렇게 말했습니다.

"이 아이가 오늘 저녁에 고침을 받을 것이라고 믿지 않는 사람들은 이 강당에서 나가주세요. 이 아이의 두 다리가 기도를 통해

기적

똑바로 펴질 것이라고 온전히 믿지 않는 사람은 여기서 나가기 바랍니다. 심지어 예수님도 불신앙에 둘러싸여 있을 때는 기적이나 강력한 역사를 행하실 수 없었습니다."

나는 속으로 생각했습니다.

'호, 자유주의 신학사상으로 물든 대학의 교목치고는 나쁘지 않은데. 정말 영리한 행동이야.'

그것은 영리한 행동이었습니다. 그가 그렇게 말하자 강당 안의 거의 모든 학생들이 자리에서 일어나 나갔기 때문입니다. 그는 말 한 마디로 그 장소를 깨끗이 비워놓았습니다. 남은 사람들은 다섯 명의 오순절파 학생들이 전부였는데, 그들은 이미 양손을 허공에 높이 쳐들고 방언으로 기도하기 시작했습니다. 나는 그 교목이 나를 낚싯바늘에서 빼내주었다는 것을 깨달았습니다. 나는 이제 무사히 풀려난 것입니다.

"이제 우린 뭘 하나요?"

내가 물었습니다.

"우리는 저 아이를 주방 안으로 데리고 갈 겁니다."

"주방에서 뭘 할 겁니까?"
내가 대꾸했습니다.
"우리는 저 아이의 머리에 기름을 부을 겁니다."
"기름이요? 어떤 종류의 기름인가요?"
내가 물었습니다.
"델몬트요!"
그는 얼굴에 미소를 띠며 대답했습니다.

어쨌든 그 대답은 내가 기대하던 종류의 영성이 빠진 것이었습니다. 나는 그가 이스라엘에서 가져온 성수나 교황이 축복한 어떤 특별한 기름을 갖고 있을지도 모른다고 생각했던 것입니다.

"농담하는 겁니까?"
내가 물었습니다.

"교수님. 야고보서에 보면 어떤 사람이 병 고침을 받아야 할 때 교회의 장로들이 그 사람의 머리에 기름을 붓고 안수하고 치유를 구하는 기도를 해야 한다고 되어 있잖아요. 교수님에게 더 나은 아이디어가 없다면 성경 말씀대로 하는 편이 좋을

기적

겁니다."

　출처가 어디였든 간에 그것은 나쁘지 않은 조언이었습니다. 그래서 우리는 안쪽 방으로 들어가 우리가 해야 할 일을 했습니다. 우리는 야고보서의 지시 사항들을 따라했습니다. 우리는 먼저 아이에게 기름을 바르고 나서 손을 얹고 기도를 했습니다.
　나는 다섯 명의 오순절파 학생들을 불러서 참여하게 했습니다. 그래서 그들도 그 아이의 머리에 손을 얹었습니다. 나는 그 아이에게 도움이 될 만한 사람은 모두 불러서 그 일에 참여시키고 싶었습니다.

　기도를 시작했습니다. 내가 드린 기도는 다른 사람들이 있는 자리에서 기도할 때 하는 너무나 흔해빠진 기도였습니다. 내가 하는 말의 의미를 아실 것입니다.
　다른 사람들이 있을 때 우리는 거창하게 들리고, 하나님께 집중하기보다는 영성의 이미지를 전달하는 판에 박은 듯한 종교적인 기도문을 입 밖으로 내는 경우가 아주 많습니다.

나는 지금도 내가 기도하던 소리를 기억할 수 있습니다.

"오, 하나님! 위대한 우주의 창조주시여. 오, 옛적에 눈먼 자를 고쳐주시고, 저는 자를 걷게 만드시고, 죽은 자를 일으키셨던 하나님. 지금 이 시간 저희 가운데 임하시기를 간구합니다."

그러다가 나는 갑자기 기도를 중단했습니다. 내가 기도하던 중간에 오순절파 학생들도 방언으로 하던 기도를 중단했습니다. 우리 모두 그것을 느꼈습니다. 우리 모두는 이상하고 경이로운 존재가 우리 가운데 임재하시는 것을 느꼈습니다.

성령님께서 우리 가운데 오셨습니다. 성령님께서 우리 가운데 내려오셨습니다. 그분의 임재는 강력했고, 내 마음을 뒤흔들었고, 나의 꾸민 경건함을 산산이 깨뜨려버렸습니다. 그 경험은 이사야가 6장에 묘사한 경험과 비슷한 것이 틀림없었습니다.

> 웃시야 왕의 죽던 해에 내가 본즉 주께서 높이 들린 보좌에 앉으셨는데 그 옷자락은 성전에 가득하였고 스랍들은 모셔 섰는데 각기 여섯 날개가 있어 그 둘로는 그 얼굴을 가리었고 그 둘로는 그 발을 가리었고 그 둘로는 날며 서로 창화하여 가로되 거룩하다 거룩하다 거룩하다 만군의 여호와여 그 영광이 온 땅에 충만하도다 이같이 창화하는 자의 소리로 인하여 문지방의 터가 요

기적

동하며 집에 연기가 충만한지라 그때에 내가 말하되 화로다 나
여 망하게 되었도다 나는 입술이 부정한 사람이요 입술이 부정
한 백성 중에 거하면서 만군의 여호와이신 왕을 뵈었음이로다
(사 6:1~5)

전능자의 임재 앞에 서는 것은 두려운 일입니다. 나는 어떻게 반응해야 할지 몰랐습니다. 본능적으로 나는 안수하던 손을 치워버리고 심한 부끄러움을 느꼈습니다. 오순절파 학생들도 손을 떼었습니다. 그 임재로 인해 나는 그 아이가 치유받을 것임을 의심하지 않고 기대했습니다. 성령의 힘이 너무나 압도적이었기 때문에 기적적인 치유가 이루어져도 나는 조금도 놀라지 않았을 것입니다.

그러나 그 아이는 치유받지 못했습니다. 얼마 동안 어색한 변명과 설명을 주고받은 후에 우리 모두는 그 방을 나왔고 나는 얼른 그 건물을 나왔습니다. 그 주간의 나머지 강연들은 별다른 사건 없이 진행되었습니다. 나는 그 주간이 끝나 그 이상하고 신비로운 상황에서 벗어나 집으로 돌아갈 수 있게 된 것이 기뻤습니다.

그로부터 3년이 지난 후 나는 세인트루이스의 한 교회에 초청 강사로 가게 되었습니다. 예배가 끝났을 때 어떤 부인이 내게로 오더니 물었습니다.

"제가 누군지 기억하세요?"

"그럼요. 당신을 만난 게 3년 전이었죠. 어린 아들을 고쳐달라고 데려오셨지요. 우리가 그 아이를 위해서 기도해 주었지요. 아이는 어떻습니까?"

내가 물었습니다.

"오늘 여기 온 것은 목사님께 그 아이를 보여드리기 위해서입니다. 여기 그 아이가 있습니다."

그녀 옆에는 두 다리에 아무런 교정 장치도 달지 않은 어린 소년이 똑바로, 그리고 온전하게 서 있었습니다. 아이의 다리는 더 이상 뒤틀려 있지 않았습니다.

"어떻게 이렇게 됐지요?"

내가 물었습니다.

"우리가 기도했잖아요! 기억나지 않으세요? 우리는 기도했어요! 다음날 아침 아이가 잠에서 깨어나 울더군요. 나는 그 애

기적

의 교정 장치가 약간 빡빡해진 것을 알아차렸어요. 교정 장치를 풀어주었더니 아이의 두 다리가 약간 펴졌어요. 다음 날 아침에도 그런 일이 다시 일어났고, 그 다음에도 또다시 그런 일이 일어났죠. 아이의 다리가 똑바로 펴질 때까지 그런 일이 계속 일어났습니다."

나는 그 상황을 어떻게 감당해야 할지 몰랐습니다. 그 상황은 나의 지각을 뛰어넘는 것이었습니다.

며칠 후 나는 내가 사는 필라델피아에 돌아와서 동료 학자 두 명과 점심 식사를 했습니다. 한 사람은 펜실베이니아 대학교의 종교학 교수였습니다. 내가 친구들에게 그 일을 설명해주자 한 친구가 말했습니다. "글쎄, 토니. 솔직히 말해서 나의 신학으로는 그런 종류의 일이 일어나는 것을 용인할 수 없네."

터무니없지 않습니까? 그의 신학은 그런 일이 일어나는 것을 용인할 수 없다고 합니다!

내가 말했습니다.

"찰리, 자네 기분을 상하게 하고 싶지는 않지만 어쩌면 하나님께서는 자네의 신학보다 더 위대하실지도 모른다네. 어쩌면 하나님께서는 자네의 신학이 소망하거나 생각할 수 있는 것보다 훨씬 더 풍성하게 이루어주실 수 있을지도 모른다네."

　나는 많은 신학자들의 문제가 하나님을 작은 상자 안에 넣어두는 것이라고 생각합니다. 그들은 하나님께서 하실 수 있는 것과 하실 수 없는 것을 당신에게 말해줍니다. 그들은 하나님에 관한 책을 씁니다. 그리고 200쪽 안에 전능자에 관해 들을 수 있는 모든 것을 당신에게 들려주려고 시도합니다. 나는 세계의 모든 합리주의 신학자들에게 하나님께서는 그들이 정해 놓은 범주들을 초월하신다고 말해주고 싶습니다. 그분은 자신에 대한 그들의 선험적 가정들을 깨뜨리고 나오십니다. 새 포도주를 낡은 가죽 부대에 담을 수 없는 것과 마찬가지로 하나님께서는 그들의 신학적 구조물 안에 갇혀 있을 수 있는 분이 아닙니다. 새 포도주는 부풀어서 낡은 가죽 부대를 찢어버립니다. 그와 마찬가지로 하나님께서는 그분을 상자 속에 가두려는 시도의 일환으로 구축하려고 애쓰는 어떠한 신학 체계든 깨뜨리고 나오십니다.

기적

나는 내가 기적적인 일들을 이해하지 못한다는 점을 아주 명백히 하고 싶습니다. 나는 기적들을 이해하지 못합니다. 치유를 이해하지 못합니다. 그리고 어떤 사람들, 아주 경건한 어떤 사람들이 치유를 구하는 기도를 하지만 치유를 경험하지 못하는 이유를 이해하지 못합니다. 경건한 사람들이 믿음으로 기도할 때마다 하나님께서 간섭하셔서 낫게 하시지 않는 이유를 나는 이해하지 못합니다.

그렇지만 나는 기도의 능력을 믿고 하나님께 치유해달라고 탄원하는 경건한 사람들이 기도 응답을 받지 못하는 아주 많은 예들을 알고 있습니다. 반면에 훨씬 더 자격이 부족한 다른 사람들이 전능하신 주님의 치료의 능력을 경험하곤 한다는 사실도 알고 있습니다.

> 하나님께서는 그분을 상자 속에 가두려는 시도의 일환으로 구축하려고 애쓰는 어떠한 신학 체계든 깨뜨리고 나오십니다.

134 나를 바꿔라

나는 하나님의 길을 이해할 수 없습니다. 그럴 수 있는 사람은 단 한 명도 없습니다. 이사야 55장 8절은 그분의 길은 우리의 길과 다르며 그분의 생각은 우리의 생각과 다르다고 말씀합니다.

나는 TV와 라디오를 통해 수백만 명의 미국인들에게 하나님께서는 올바른 공식을 이용해 구하는 사람은 누구나 치유해주신다고 전하는 인기 전도자들에 대해 격렬한 반응을 나타내곤 합니다.

나는 이루어질 수 없는 기대를 자극한 데 대한 책임이 그들에게 있다고 믿습니다. 하나님께서 믿음으로 기도하는 모든 사람을 치유해주실 것이라고 주장하는 사람들은 상상할 수 있는 것보다 훨씬 더 많은 사람들 사이에 비통함과 환멸을 불러일으키고 있습니다.

나는 아버지가 암에 걸려 상태가 심각해 십중팔구 몇 달 안에 죽게 될 것이라는 소식을 들은 한 가족의 이야기를 알고 있습니다. 그 아버지와 자녀들은 아주 친밀한 사이였습니다. 그들은 아버지를 깊이 사랑했기 때문에 아버지의 죽음이 임박했다는

기적

소식은 그들을 정서적으로 분열시켰습니다.

그의 딸이 한 유명한 TV 전도자의 주장을 듣고 그 전도자에게 편지를 써서 아버지가 병 고침을 받는 데 필요한 것이 무엇인지 물어보았습니다. 그 전도자는 가족 모두가 죄를 자복하고 정결해진 신자가 되어 치유를 위해 기도한다면 아버지에게 치유가 임할 것이라는 답장을 보내왔습니다. 아마도 컴퓨터로 뽑아낸 정해진 양식의 편지였을 것입니다.

식구들은 각자 능력껏 최선을 다해 지시받은 대로 했습니다. 자신의 죄를 자백했습니다. 성령님께 마음을 정결케 해달라고 구했으며, 아버지의 병을 치유해달라고 열심히 기도했습니다. 슬픈 소식은 그들의 아버지가 치유받지 못하고 결국 세상을 떠났다는 것입니다.

아버지가 죽은 후에 그 딸은 전도자에게 다시 한 번 편지를 보냈습니다. 돌아온 응답은 아주 잔인한 내용이었습니다. 전도자는 편지에서 그들의 아버지가 치유받지 못한 이유가 식구들 가운데 한 명에게 여전히 죄가 조금 있기 때문이라고 말했습니다.

그 답장은 이 젊은이들을 슬픔의 심연에 빠뜨렸습니다. 그들은 자기 마음속에 남아 있는 어떤 죄 때문에 아버지가 돌아가셨을지도 모른다고 생각하며 죄책감에서 헤어나지 못했습니다.

그들은 각자 자기 비난의 긴 과정을 통과해야 했습니다. 나는 그들 중 한 명이라도 그 편지의 영향을 극복해냈을까 하는 의문이 듭니다.

TV 복음전도자가 편지에서 말한 그런 신학을 나는 "엉터리 신학!"이라고 단정합니다. 나는 기적을 믿지만 어느 누구도 기적을 통제할 수 있다고는 믿지 않습니다. 오늘날 일부 복음전도자들은 성경의 명령에 따라 행하고, 누가 치유받을 것인지 누가 치유받지 못할 것인지는 전능자의 판단에 맡기는 하나님의 종들이라기보다는 개인적인 능력을 소유했다고 주장하는 마술사들에 더 가깝습니다.

치유와 기적은 교회생활에서 규칙적으로 일어나는 것은 아니지만 하나님의 왕국의 '표적'이라고 나는 굳게 믿습니다. 하나님께서 치유와 기적을 통해 우리에게 무덤 너머의 삶에서 모든 병자들과 불구자들에게 어떤 일이 일어날 것인지를 가르쳐주시

기적

는 것이라고 믿습니다.

 치유는 육체적으로 장애가 있고 병이 있는 모든 사람들에게 장차 온전해지고 건강해질 날이 올 것이라고 말해주는 특별한 사건입니다. 치유는 우리 각자가 완전하고 건강하고 부패할 가능성이 없는 새로운 몸을 갖게 될 때가 올 것이라는 소식을 선포하는 것입니다.

 하지만 이곳 지상에서 기도하는 사람마다 치유받게 될 것이라고 약속하는 것은 아주 잘못된 처사입니다.

 우리 가운데 조니 에릭슨 타다를 아는 사람이 많을 것입니다. 몸이 마비가 된 이 아름다운 여성은 쉬지 않고 기도했고 중보 기도도 많이 받았지만, 치유가 자신에게 더 좋은 것이라고 생각하지 않는다고 정직하게 인정할 것입니다. 비범한 여성인 그녀는 우리 시대에 그리스도를 증거하는 뛰어난 인물 가운데 한 사람입니다. 그녀의 삶은 많은 장애인들에게 귀감이 되었습니다. 비록 몸은 마음대로 움직일 수 없더라도 생산적이고 효율적이고 다른 이들에게 축복이 되는 삶을 살 수 있다는 것을 보여주고 있습니다.

조니 에릭슨 타다가 믿음이 부족했다거나 그녀의 기도가 적절치 않았다고 말하는 것은 아주 부당한 것입니다.

나는 기적을 믿습니다. 나는 기적이 만들어 내는 경외감과 경이감을 먹고 무럭무럭 자랍니다. 나는 우리가 현실 세계의 관례화된 기대에 의해 질식당하지 않기 위해서 기적에 대한 필요를 갖고 있다는, 도스토예프스키가 말한 진리를 알고 있습니다. 우리가 기적들을 필요로 하는 것은 과학적으로 예측 가능한 이 세계가 초월될 수 있다고 믿기 때문입니다. 기적들은 삶의 환경이 우리에게 소망의 여지가 없다고 말해줄 때조차 우리에게 소망의 근거를 주는 것입니다.

나는 그리스도의 복음을 부끄러워하지 않습니다. 이 복음이 기적에 대한 나의 필요를 채워주기 때문입니다. 그리고 나는 복음이 기적에 대한 당신의 필요도 채워줄 것이라고 확신합니다.

> 나는 기적을 믿지만 어느 누구도
> 기적을 통제할 수 있다고는 믿지 않습니다.

CHAPTER 5

'나를 바꿔라' 복음으로!
인생의 목적

'나를 바꿔라' 복음으로!
인생의 목적

그리스도인이 된다는 것은 올바른 존재를 믿는 것보다 훨씬 더 많은 것을 의미합니다. 그리스도인이 된다는 것은 우리가 믿는다고 말하는 그분께 우리 자신과 우리가 가진 모든 것을 드리는 것입니다.

빈 출신의 심리치료사였던 빅토르 프랭클(Viktor Frankl)은 인간의 기본적인 필요가 삶의 목적과 의미를 갖는 것이라고 말한 적이 있습니다. 프랭클에 의하면, 목적이 없는 사람들에게 삶은 참을 수 없는 것입니다. 그는 나치 집단 수용소에 수감되어 있을 때 이러한 진리를 발견했습니다.

그곳에서 수년을 보내는 동안 그는 포로수용소의 공포를 이겨내고 생존할 수 있었던 사람들과 공포에 파멸되어버린 사람들 사이의 차이점을 연구하는 데 시간을 활용했습니다. 동료 수용자들을 주의 깊게 정밀 조사하고 분석한 다음 그는 한 가지 명백한 결론에 도달했습니다.

포로수용소에서 살아남을 수 있었던 사람들은 뚜렷한 삶의 목표를 정한 사람들이었습니다. 반면에 뚜렷한 삶의 목적이 없었던 사람들은 나치가 조성한 비인간적인 환경에 금방 굴복하여 목숨을 잃었다는 것입니다.

모든 인간이 삶의 목표를 필요로 한다는 사실은 복음 전파를 위한 중요한 토대를 제공해줄 수 있습니다. 내 친구들 중 일부는 대학생선교회(CCC)와 함께 사역하고 있습니다. 그들은 그리스도를 향한 헌신을 통하여 의미 있는 존재가 되고, 삶에 대한 영광스러운 이유들을 가질 수 있다는 사실을 분명하게 제시하는 방법으로 대학생들에게 호소함으로써 그들이 그리스도를 구주로 영접하게 할 수 있었습니다. 이 대학생선교회의 복음 전도자들은 '사영리(四靈理)'라는 소책자를 자주 활용합니다.

인생의 목적

이 네 가지 영적 원리 가운데 첫 번째는 "하나님은 당신을 위한 놀라운 계획을 가지고 계십니다"입니다. 그 단순한 진술이 지성과 많은 지식, 그리고 수많은 인생의 기회를 가지고 있지만 삶의 계획이 없는 대학생들에게 대단한 호응을 불러일으켰습니다.

사영리의 첫 번째 원리에 표현된 위대한 진리는 그들에게 복된 소식이었으며, 그리스도 안에서의 삶은 목적을 가지고 있다는 약속 때문에 그들이 자신의 삶을 그리스도께 드리는 경우가 많았습니다.

나는 모든 사람이 자신의 존재가 단순히 생물학적 우연이 아니라 하나님의 뜻에 의한 것이라는 사실을 반드시 알아야 한다고 생각합니다. 나는 하나님께서 그분의 목적과 계획을 이룰 수 있는 관계 속으로 우리를 초청하고 계신다는 사실을 모든 사람이 아는 것이 가장 중요하다고 생각합니다.

하나님께서는 우리 각자가 그분과 교제를 나누는 가운데 의미 있는 인생 계획이 있다는 진리를 발견하기 원하십니다.

당신이 그리스도께 나오지 않는 한 결코 할 수 없는 위대한 어떤 것이 있다는 사실을 긍정하는 것이 중요합니다. 당신이 하나님의 의지에 항복하지 않는 한 그분께서 절대 당신을 통해 성취하실 수 없는 멋진 어떤 것이 있습니다. 하나님께서 당신을 통해 성취하기를 원하시는 궁극적으로 중요한 어떤 것이 있습니다.

나는 하나님께서 그분의 이름으로 행할 특별한 임무를 당신에게 주셨다고 믿습니다. 당신이 예수님을 붙잡고 씨름할 때 당신은 그 목적을 알게 될 것입니다. 그분께서 당신에게 맡기신 임무를 분명히 보게 될 때 당신은 삶의 완전한 의미를 알게 될 것입니다. 그때, 오직 그때에만 의미와 목적에 대한 당신의 탐구가 결실을 맺을 것입니다.

예수님께서 십자가 위에서 죽으시고 당신을 죄에서 구원하셨을 때, 그분은 당신을 천국에 들여보내기 위해서 뿐 아니라 훨씬 더 중요한 이유를 위해서 그렇게 하신 것입니다. 이 말이 이상하게 들릴지도 모르겠습니다. 예수님께서 갈보리 십자가 위에 달려 죽으심을 통해 당신을 구원하신 것은 당신을 주님의 이름으

인생의 목적

로 다른 사람을 위해 숭고한 일을 할 수 있는 사람으로 만들기 위해서였습니다. 그분이 당신을 구원하신 것은 당신을 통하여 역사하셔서 이 세상에 이루기 원하시는 것들을 성취하시기 위해서였습니다.

예수님께서는 배고픔을 없애기를 원하시기 때문에 당신을 통하여 많은 사람들의 배고픔을 없앨 수 있도록 당신을 구원하셨습니다. 예수님께서는 헐벗은 자들에게 옷을 입히기를 원하시기 때문에 당신의 노력을 통하여 그들에게 옷을 입힐 수 있도록 당신을 구원하셨습니다. 예수님께서는 억압 받는 사람들을 구해내 자유롭게 하시고 짓밟힌 사람들에게 공의를 베풀기를 원하시기 때문에 당신을 통해 이러한 중요한 일들을 이루실 수 있

> 나는 모든 사람이 자신의 존재가
> 단순히 생물학적 우연이 아니라
> 하나님의 뜻에 의한 것이라는 사실을
> 반드시 알아야 한다고 생각합니다.

기를 원하십니다.

　예수님께서는 당신을 이 세상에서 그분의 혁명을 일으키는 공작원으로 세우기 위해 당신을 구원하셨습니다. 그분이 당신을 구원하신 것은 이 세상을 처음 창조하셨을 때 뜻하셨던 모습의 세상으로 만드는 데 가장 필요한 변화들을 당신을 통하여 일으키시기 위해서였습니다.

　내가 언제나 이러한 진리를 이해했던 것은 아닙니다. 내가 처음 그리스도인이 되었을 때는 예수님께서 나를 구원하신 첫 번째 이유가 내가 죽었을 때 천국에 가게 하기 위한 것이라고 생각했습니다. 그 시절에는 모든 가치 있는 것들이 죽음 후의 삶 속에 기다리고 있으며 이 세상에서 일어나는 일은 정말로 중요하지 않다고 생각했습니다.

　나는 천국이 있음을 믿고 있으며 예수님을 믿는 사람들은 이 땅에서의 삶이 끝나면 그곳에 간다는 것을 전적으로 확신한다는 사실을 분명히 언급하고 싶습니다. 그러나 최근 들어 나는 주님께서 우리가 죽은 후에 천국에 가는 것보다 우리가 이 세상에서 의미 있는 방식으로 살아가도록 하는 데 관심이 더 많으시다고 확신하게 되었습니다. 그분은 제자들에게 자신이 세상에 온 것은 그들로 하여금 생명을 얻게 하고 더욱 풍성히 얻게 하려 함이라고 말씀하셨습니다.

이 사실은 성경을 통해 우리에게 강력하게 전달되고 있습니다. 게다가 그분은 이 세상의 삶은 그분의 이름으로 다른 사람들에게 행하는 사랑의 섬김을 통해서만 누릴 수 있다는 것을 우리가 배우기를 원하십니다. 그분의 메시지는 그분께서 우리에게 맡기신 사역에 우리의 삶을 드려야만 기쁨, 활력, 성취감을 얻을 수 있다는 것입니다.

우리는 자신이 원하는 것을 얻을 때가 아니라 그분이 원하시는 것을 할 때 삶에 대한 황홀감을 느끼며 자아를 실현하는 사람이 됩니다. 모든 사람은 일생 동안 자기가 해야 할 가장 중요한 것을 필요로 합니다. 그리고 복된 소식은 예수님께서 우리 각자가 해야 할 특별한 일을 갖고 계신다는 것입니다.

나는 하나님께서 우리를 위해 해주신 위대한 일에 대해 우리가 할 수 있는 응답 가운데 유일하고 적절한 응답이 바로 예수님을 대신해 다른 사람들을 섬기는 것이라는 사실을 깨닫지 못하는 사람들이 얼마나 많은지 알고서 깜짝 놀랐습니다.

이러한 사람들은 세상에서 구별된 하나님의 도구가 되는 것 외에는 '거룩하게' 될 수 있는 다른 방법이 전혀 없다는 사실을 보지 못합니다. 실제로 어원학자들은 '거룩한'이라는 단어가 '따로 떼어놓다'라는 뜻을 갖고 있음을 발견했습니다. 따라서 거룩함은 '내가 당신보다 나은' 경건함이 아니라 하나님께서 그분의 사역을 위해 우리를 따로 떼어 놓으시도록 기꺼이 허용하는 마음입니다. 안타깝게도 너무나 많은 사람들이 자신의 삶 속에서 그리스도의 주님 되심을 표현하는 방법이 다른 사람들보다 우월한 위치에서 경건하게 행동하는 것이라고 생각합니다. 실제로는 그것이 다른 사람들의 종이 되는 것을 의미하는데도 말입니다.

여기서 나의 목적은 경건함을 정죄하려는 것이 아닙니다. (내 친구들 중 일부는 경건합니다.) 그러나 때로는 그것이

인생의 목적

나를 약간 불편하게 만듭니다. 내가 처음 신자가 되었을 때 그리스도인 친구들은 내가 경건한 모습을 갖추어야 한다고 알려주었습니다. 그들은 내가 참된 그리스도인이 되려면 세상으로부터 나를 떨어뜨려 놓을 여러 가지 규율들에 따라 살아야 한다고 말해주었습니다. 내가 들은 대부분의 설교들에서 나는 다른 사람들을 섬기는 종이 되라는 권면보다는 이러한 규율들을 따르라는 권면을 받은 경우가 더 많았습니다. 강단에서 선포되는 1,000가지 메시지가 마치 그리스도인의 삶은 긍정적인 것들보다는 부정적인 것들 안에 있다고 가르치는 듯했습니다.

나는 그리스도인이 하지 말아야 할 수많은 것들에 대한 이야기는 들었지만, 그리스도인이 다른 사람을 위해 해야 하는 것에 대해서는 별로 확실한 개념을 파악하지 못했습니다. 우리 교회

> 우리는 자신이 원하는 것을 얻을 때가 아니라
> 그분이 원하시는 것을 할 때 삶에 대한
> 황홀감을 느끼며 자아를 실현하는 사람이 됩니다.

의 청년부 회원들은 농담 삼아 이런 노래를 부르곤 했습니다.

우리는 담배를 안 피워요.
춤을 추거나 껌을 씹지도 않아요.
그리고 우리는 그런 것들을 하는
여자들과는 데이트도 하지 않아요.

그리스도인이 되는 것은 하나님께서 우리가 이 세상에서 감당하기를 바라시는 사역에 헌신하도록 부름 받는 것이라기보다는 무엇보다도 '세상의 쾌락'을 포기하는 것으로 정의되었습니다.
　나는 지금도 어떤 설교자가 강대상을 쾅쾅 내리치며 소리치던 일이 기억납니다.
　"춤은 육신의 정욕을 자극합니다!"
　그는 춤이 호르몬을 분출시켜 성적인 욕망을 자극하는 과정을 계속해서 자세히 묘사했습니다. 그의 설교가 끝났을 즈음 나는 공상에 빠져 혼잣말을 했습니다.

인생의 목적

"와! 그거 정말 재미있는걸!"

나는 춤에 대한 그러한 설교를 지나치게 비판하고 싶지는 않습니다. 여러 면에서 그 설교자의 말이 옳기 때문입니다. 우연히 텔레비전에서 최신 유행하는 춤을 보게 될 때마다 그런 사실을 깨닫습니다. 심지어 그런 춤을 잠깐 보기만 해도 많은 춤 스타일이 온갖 종류의 관능적인 욕망들을 고조시키는 힘이 있음을 아주 분명하게 알 수 있습니다.

나를 '주책맞은 늙은이'라고 부르고 싶을지도 모르겠지만, 나는 젊은 두 남녀가 서로 마주 보고 서서 몇 시간 동안 에로틱한 행동으로 몸을 흔들어댄다면 결국은 성적으로 무척 '흥분된' 상태가 될 것이라고 생각합니다. 그들이 그런 소용돌이 가운데서도 흥분되지 않는다면 나는 그들을 '영적인 사람들'이라고 부르기보다는 '죽은' 사람들이라고 부르겠습니다.

하지만 춤을 정죄하는 교회들 가운데는 어떤 위선적인 모습이 있을지도 모릅니다. 춤을 반대하는 설교를 하는 바로 이런 교회들이 헤이라이드(hayride, 건초 더미를 실은 마차나 트럭을 타고 주로 야간에 떠나는 소풍)를 후원하는 경우가 너무나 많습니다. 나는 냉소적인 것처럼 보이고 싶지는 않지만 나도 교회 헤이라이드를 다녀봤습니다. 그 건초 더미에서 일어나는 일이 춤판에서 벌어지는 일을 무색하게 할 정도인 경우가 많습니다.

내가 십대였을 때 경건함을 나타내는 또 하나의 중요한 표시는 극장을 멀리하는 것이었습니다. 나는 복음전도자들이 청중에게 이렇게 외치는 소리를 들었습니다.

"만약 당신이 영화관 안에 있을 때 나팔 소리가 울려 퍼지고 주님께서 돌아오신다면 어떻게 될까요? 만약 주님께서 지상에 돌아오셔서 당신이 극장 안에 있는 것을 발견하신다면 어떻게 될까요?"

그래서 나는 극장에 갈 때마다 몹시 두려웠습니다. 나는 영화를 절반쯤 보고 있을 무렵 나팔 소리가 나고 주님께서 재림하실 것이라고 확신했습니다. 하지만 내가 걱정한 최악의 상황은 영화의 결말을 보지 못하게 되는 것이었습니다.

흡연은 내가 갓 그리스도인이 되었을 때 만난 사람들 가운데서 또 하나의 금기 사항이었습니다. 그리고 나는 지금도 흡연에

인생의 목적

대해서 온갖 부정적인 반응을 보인다는 것을 시인하지 않을 수 없습니다. 나는 흡연이 끔찍한 습관이라고 생각합니다. 내가 아는 한 함께 흡연하는 가족은 함께 질식하는 것과 마찬가지입니다. 내가 십대였을 때 담배를 피우는 여학생과 키스할 때면 언제나 재떨이를 핥는 듯한 느낌을 떨칠 수가 없었습니다.

당신이 레스토랑에 가서 금연석에 앉아 있는데 근처에 앉은 어떤 사람이 담뱃불을 붙이고 담배를 피우는데 그 연기가 당신의 얼굴에 정면으로 날아온 적이 있습니까? 당신이 숨이 막혀하는 동안 그 사람은 "담배 좀 피워도 괜찮겠지요?"라고 말할지도 모릅니다. 그러면 나는 언제나 이렇게 답해주고 싶습니다.

"내가 토해도 괜찮으시다면요."

내가 단지 흡연, 춤, 음주를 정죄하는 것을 비웃기만 하는 것처럼 보인다면, 나는 지금 요점을 제대로 전달하지 못하고 있는 것입니다. 나는 이러한 여러 관행들이 그리스도인의 생활양식을 정립하고자 하는 사람들에게 아주 진지한 몇 가지 질문들을 던져줄 수 있다고는 생각합니다. 하지만 나는 그리스도인들이 이러한 관행들을 피하는 것을 기독교의 전부인양 내세울 때마다 화가 납니다.

나는 이러한 종류의 개인적인 경건을 기독교 신앙의 본질로 삼으려는 사람들에게 거부감을 느낍니다. 사실은 당신이 흡연, 춤, 영화를 모두 포기한다고 하더라도 그리스도인다운 생활양식의 핵심에는 전혀 가까이 가지 못할 수도 있다는 것입니다.

예수님께서 활동하시던 당시에 율법 조문에 따라 살았던 바리새인들은 유대인 사회에서 생겨난 경건의 필수 조건들을 지키는 데 언제나 있는 힘을 다해 노력했습니다. 예수님께서 그들의 생활양식에 부정적으로 반응하셨을 때, 그분은 경건함의 본질이 개인적인 경건이라는 율법적인 생활양식 속에서가 아니라 가난한 사람들을 위한 사랑에서 우러난 희생과 잃어버린 자들을 향한 섬김 가운데서 성취되는 것이라는 점을 분명히 하셨습니다. 예수님께서는 우리가 아주 경건하면서도 경건함의 참된 의미를 놓칠 수 있다는 사실을 분명히 지적하셨습니다.

인생의 목적

이제 우리는 누구든지 예수님의 제자가 되고자 하는 자는 자기를 부인하고 자기가 가진 것을 팔고 자기 십자가를 지고 그분을 따르라고 하신 예수님의 말씀을 진지하게 받아들일 때가 되었습니다.

그리스도를 섬기고 그분께서 우리에게 사랑하라고 명하신 사람들을 섬기기 위해 우리 자신과 우리가 가진 것을 모두 희생하려는 자발적인 마음이 예수님께서 갈보리 위에서 우리를 위해 해주신 일에 대한, 주님께서 기뻐 받으실 만한 유일한 응답입니다. 개인적인 경건이 사랑에서 우러난 희생을 절대로 대신할 수 없습니다.

> 그러므로 형제들아 내가 하나님의 모든 자비하심으로 너희를 권하노니 너희 몸을 하나님이 기뻐하시는 거룩한 산 제사로 드리라 이는 너희의 드릴 영적 예배니라 너희는 이 세대를 본받지 말고 오직 마음을 새롭게 함으로 변화를 받아 하나님의 선하시고 기뻐하시고 온전하신 뜻이 무엇인지 분별하도록 하라(롬 12:1, 2)

우리 대부분은 자신을 속이며 살아왔습니다. 우리는 극심한 가난을 겪는 사람들이 있는 세상에서 전형적인 중산층의 풍요로운 삶을 살면서도 여전히 우리 자신을 그리스도인이라고 부를 수 있는 것처럼 애써 가장해왔습니다.

우리는 "누가 이 세상 재물을 가지고 형제의 궁핍함을 보고도 도와줄 마음을 막으면 하나님의 사랑이 어찌 그 속에 거할까보냐 자녀들아 우리가 말과 혀로만 사랑하지 말고 오직 행함과 진실함으로 하자"라고 말씀하시는 요한일서 3장 17, 18절과 같은 구절들은 외면하려고 애씁니다. 이런 구절들은 아주 중요한 질문들을 던져줍니다. 예수님을 사랑한다고 말하면서 어떻게 예수님께서 사랑하시는 사람들의 고통에 응답하지 않을 수 있습니까?

생존을 위해 음식을 간절히 구하는 사람들의 면전에서 넘치는 부를 움켜쥔 채 자기가 예수님을 본받고 있다고 말하는 것이 어떻게 가능합니까?

그리스도인이 된다는 것은 배고픈 사람들을 먹이고 헐벗은 사람들을 입히고 포로들을 풀어주고 병든 자들을 치료해주는 것을 의미하지 않습니까?

이러한 행동들이 종교적 율법주의자들에 의해 만들어진 개인

인생의 목적

적인 경건의 의식들을 지키는 것보다 훨씬 더 중요하지 않습니까?

나는 복음주의 교육진흥협회(EAPE)라는 작은 선교 단체를 이끌고 있습니다. 이 단체는 제3세계 나라들에서 수많은 프로젝트를 진행해왔습니다. 이 프로젝트들 중 하나가 부모에게 버림받아 극심한 영양실조의 희생자가 된 아이들을 돌보기 위해 고아원을 운영하는 것입니다. 그 아이들은 너무나 쇠약하고 기력이 다한 상태어서 집중적인 치료를 받지 못하면 몇 달 안에 죽게 됩니다. 우리는 그러한 아이들 50명을 돌볼 수 있도록 고아원을 세웠습니다. 그 정도 크기의 고아원이라면 우리 단체가 도와줄 대상으로 삼은 도시 빈민가의 아이들을 모두 돌볼 수 있을 것으로 믿었던 것입니다.

고아원을 개원하던 날, 우리는 버스를 타고 이러한 절박한 상황의 아이들이 살고 있는 빈민가로 갔습니다. 그러나 우리를 기다리고 있던 아이들은 50명이 아니라 그보다 네 배나 많았습니다. 그 아이들 모두가 똑같이 쇠약하고 병든 상태였습니다. 그 아이들 모두가 영양실조가 너무 심해 당장이라도 죽음이 그들을 덮칠 것만 같았습니다. 우리는 그 아이들 가운데 불과 50명만 돌볼 수 있었습니다. 그 말은 그 아이들 대부분이 생존을 위해 필요한 사랑의 보살핌을 받을 수 없다는 것을 의미했습니다.

그 후 몇 시간 동안 우리는 그 아이들 중에 누가 살고 누가 죽어야 할지를 결정하는 믿을 수 없을 정도로 잔인한 선별 과정을 수행해야 했습니다. 우리는 어떤 아이들이 우리 고아원에 와서 살고 어떤 아이들이 죽음이 닥칠 때까지 그 빈민가에서 계속 살게 될 것인지를 결정해야 했습니다.

그 과정의 고통, 그리고 선택과 의사 결정에 따르는 감정적인 동요를 당신은 도저히 상상할 수 없을 것입니다. 하지만 우리는 우리가 어쩔 수 없이 해야 할 일을 했으며 그 고통스러운 작업을 마친 다음 선택받은 아이들을 버스에 태워 고아원으로 보냈습니다.

그 빈민가에서 가톨릭교회를 섬기는 한 사제가 우리가 할 수 있는 일을 해준 것에 감사를 표시하고 도움이 절실한 그렇게 많

인생의 목적

은 아이들을 외면해야 하는 우리의 괴로움을 함께 나누었습니다. 그리고 나서 그는 뒤에 남겨진 아이들에게 우리가 다른 아이들을 도와준 것에 대한 감사의 표시로 노래를 불러달라고 부탁했습니다.

　나는 그 아이들의 노랫소리를 들으며 속이 뒤틀리고 가슴이 찢어지는 느낌이 들었습니다. 그 아이들의 배는 영양실조로 축 처져 있었고, 다리는 너무나 말라서 어떻게 저 다리로 몸을 지탱할 수 있을까 하는 생각이 들 정도였습니다. 나는 그 아이들이 우리를 위해 부르는 귀에 익은 찬양 소리를 차마 들을 수가 없었습니다.

　　　좋으신 하나님
　　　좋으신 하나님
　　　참 좋으신
　　　나의 하나님

　나는 그 찬양을 듣고 싶지 않았습니다. 하지만 아이들은 계속 찬양을 불렀습니다.

우리의 기도를
응답해주시네
참 좋으신
나의 하나님

내 안에 있던 무엇인가가 항의하며 소리치는 듯했습니다. 나는 이를 악물고 나 자신에게 말했습니다.

"이건 진실이 아니야! 하나님은 이 아이들에게 좋으신 분이 아니야. 그분은 이 아이들을 사랑하시지 않아. 정말 사랑하신다면 이 아이들을 이런 상태로 남겨 두지 않으실 거야.

그분이 이 아이들을 사랑하신다면 무엇인가를 하려고 하셨을 거야. 그분은 이 아이들을 배고픔에서 건져주셨을 거야. 그분은 이 아이들의 병을 고쳐주셨을 거야."

그때 하나님께서 내게 이런 깨달음을 주셨습니다. 하나님께서는 분명히 그들을 사랑하셨습니다. 그분은 분명히 그 아이들을 배고픔과 질병에서 건져낼 계획을 가지고 계셨습니다. 그 계획은 바로 당신과 나 같은 사람들을 통해 그들에게 사랑과 도움을 전해주는 것이었습니다.

그분의 계획은 그리스도의 이름으로 그 아이들을 돕기 위해 자신의 것을 기꺼이 희생하는 사람들을 통해 그들에게 손을 내미는 것이었습니다. 그 아이들은 하나님께서 사랑하지 않으셔서 고통을 당하고 있었던 것이 아니라 우리 같은 사람들이 고통받는 그 아이들의 필요에 응답하지 않으면서도 종교적일 수 있다고 생각하기 때문에 고통에서 벗어날 수 없었던 것입니다.

자기중심적인 경건으로 자신의 종교성을 나타내는 모든 사람들이 변화하여 자신의 부와 심지어 생명까지 고통당하는 사람들을 섬기는 데 내어줌으로써 그리스도에 대한 자신의 헌신을 나타낸다면 이러한 아이들이 거부당해 고통과 죽음을 당하지 않아도 될 것입니다.

'합리적인' 현대사회의 많은 사람들은 기독교를 다른 사람들에 대한 헌신으로 이해하기보다는 추상적인 원리들에 대한 헌신으로 만들어버리는 경향이 있습니다.

나는 어렸을 때 교리문답 학습 시간에 "사람의 제일 되는 목적은 하나님을 사랑하는 것과 영원토록 그분을 섬기는 것이다"라고 배웠습니다. 그 진술은 아름다운 것이지만 하나님께서 어떻게 섬김을 받으시는지는 그 구체적인 방식을 우리가 이해하지 못하는 경우가 너무나 많습니다. 우리는 하나님을 사랑하는 것을 개인적이고 내적인 묵상에 불과한 것으로 만들어버리는 경향이 있습니다. 묵상은 중요합니다. 나는 하나님께서 내적인 성찰과 묵상을 통해 그분을 만나도록 초청하신다는 사실에 절대 이의를 제기하지 않습니다. 하지만 우리의 기독교 신앙은 묵상을 뛰어넘어야만 합니다.

나는 우리 가운데서 발견할 수 있는 예수님은 무엇보다도 곤궁에 처해 있는 이웃의 모습으로 우리와 마주치시는 분이라는 사실을 인정하는 것이 매우 중요하다고 믿습니다. 우리가 신비적인 묵상 중에 알게 되는 예수님은 날마다 우리와 마주치는 고통 받는 사람들 가운데 가장 나중 되고 가장 작은 자의 육신을 입고 나타나시기를 선택하십니다.

나는 우리가 그분에 대해 묵상하고 그분의 경이로움에 대해 숙고할 수 있기 전에 먼저 우리와 마주치는 어려운 사람들 속에

인생의 목적

계시는 그분부터 만나야만 한다고 확신합니다.
　그들 속에서 그분은 우리에게 발견되기를 기다리십니다.
　그들 속에서 그분은 우리를 만나려고 기다리십니다.
　그들 속에서 그분은 우리의 사랑을 받기를 기다리십니다.
　바로 그들을 통해서 우리는 그분에 대해 배울 수 있습니다.

　몇 년 전에 나는 아이티와 도미니카 공화국에서 선교사역을 감당하고 있었습니다.
　어느 날 오후, 나는 그 두 나라를 가르는 국경선 근처에 있는 어느 풀밭 활주로 가에 서서 나를 수도까지 데려다줄 소형 파이퍼 커브 경비행기를 기다리고 있었습니다. 그때 한 여인이 나에게 다가왔습니다. 그녀는 아기를 안고 있었습니다. 그 남자 아기의 배는 영양실조 때문에 정상적인 아이보다 4~5배 부풀어 있었습니다. 팔다리는 너무나 가늘어서 가죽만 덮인 뼈들이나 다름없어 보였습니다. 그 아기는 흑인이었지만 머리카락은 적갈색을 띠고 있었는데 단백질 결핍 때문이었습니다. 그 아기의 입은 벌어져 있었고 눈동자는 뒤로 돌아가 있어서 해골에 하얀

것 두 개가 튀어 나와 있는 것처럼 보였습니다. 게다가 무척 지저분하고 더러운 상태였습니다. 죽음이 가까운 것이 분명했습니다.

그 여인은 아기를 내게 들어 보이며 나더러 그 아기를 데려가 달라고 간청하기 시작했습니다.

"선생님, 제발, 제발 우리 아기를 데려가세요. 우리 아기를 데려가주세요."

그녀는 애걸했습니다.

"우리 아기를 선생님의 나라로 데려가주세요. 우리 아기를 먹여주세요. 우리 아기를 돌봐주세요. 우리 아기를 살려주세요."

나는 어찌 할 바를 몰랐습니다. 그녀의 부탁을 들어줄 수가 없었습니다. 주변 농촌 지역에는 이런 아기들이 수백 명이나 있었습니다. 그렇게 막강한 고난 앞에서 내가 무엇을 할 수 있었을까요? 나는 그녀를 밀쳐 내면서 말했습니다.

"미안합니다. 당신을 도와줄 수가 없어요. 아기를 데려갈 수 없어요. 제가 할 수 있는 일이 없습니다!"

그녀는 다시 간청했습니다.

인생의 목적

"선생님, 우리 아기를 살려주세요. 제발, 선생님, 우리 아기를 살려주세요. 제발, 선생님, 우리 아기에게 자비를 베풀어주세요."

나는 파이퍼 커브 비행기가 풀밭 활주로 가에 내려앉는 것을 보고 마음이 놓였습니다. 비행기가 나를 향해 다가올 때 나는 비행기를 맞으러 달려 나갔습니다. 나는 그녀와 아기로부터 벗어나고 싶었습니다. 하지만 그녀는 나를 따라 달려왔습니다. 그녀는 목청껏 비명을 질렀습니다.

"우리 아기를 데려가세요! 우리 아기를 데려가세요!
우리 아기를 살려주세요!"

내가 비행기에 올라타고서 문을 닫을 때 그녀는 미친 듯이 애원했습니다. 조종사가 이륙하려고 비행기의 방향을 돌리기도 전에 그녀는 우리 옆에서 기체를 두들기며 비명을 질러댔습니다.

"우리 아기를 살려주세요! 우리 아기를 살려주세요!"

엔진 소리가 점점 커졌습니다. 조종사가 비행기의 브레이크를 풀자 비행기는 그 여인으로부터 떨어져서 활주로를 내달리기 시작했습니다. 그녀는 여전히 끔찍하게 여윈 아기를 꼭 끌어안은 채 비행기 옆에서 달리며 자기 아기를 데려가 달라고 비명을 질렀습니다.

마침내 비행기는 공중으로 이륙했습니다. 그러다가 나는 그녀의 모습을 마지막으로 보게 되었습니다. 그녀는 아기를 꼭 끌어안은 채 활주로 한가운데서 꼼짝도 하지 않고 서 있었습니다. 우리는 그녀를 남겨두고 멀리 날아갔습니다. 나는 그녀와 아기를 마음속에서 몰아내려고 애썼지만 그렇게 되지 않았습니다.

수도로 거의 반쯤 돌아왔을 때 정신이 번쩍 들었습니다. 그 아기가 누구였는지 생각이 났습니다. 활주로에 버려진 그 아기가 누구였는지를 깨달았습니다. 그 아기의 이름은 '예수'였습니다. 진짜 이름이 무엇이든 상관없이 나는 그 아기가 예수님이었다는 사실을 깨달았습니다.

약하고 병든 육신을 입고 나타난 그 아기는 바로 예수님이었습니다. 사랑하고 보살펴달라고 내게 손을 내밀었던 그 아기는 바로 예수님이었습니다. 내가 나의 삶 속으로 들어오지 못하게 한 아기는 바로 예수님이었습니다.

언젠가 주님께서 내게 이렇게 말씀하실 것입니다.

"내가 주릴 때 너는 나를 먹이지 아니하였고 내가 벗었을 때에 옷을 입히지 아니하였고 내가 병들었을 때 나를 돌보지 아니하였고 내가 나그네 되었을 때 나를 영접하지 않았다."

마태복음 25장은 내가 주님의 심판석 앞에 섰을 때 그분께서 그렇게 말씀하실 것임을 확신시켜 줍니다. 내가 "제가 언제 주님이 주리신 것을 보고 먹을 것을 드리지 않았습니까? 제가 언제 주님이 아프신 것을 보고 돌봐드리지 않았습니까? 제가 언제 주님이 나그네 되신 것을 보고 맞아들이지 않았습니까?"라고 항변하면 그분은 이렇게 말씀하실 것입니다.

"아이티 국경 지대 활주로에서였지. 지극히 작은 자들 가운데 하나에게 하지 아니한 것이 곧 내게 하지 아니한 것이기 때문이다."

나를 바꿔라

　그리스도인이 되는 것이 단순히 올바른 존재를 믿는 문제라고 생각하는 사람들이 우리 가운데 너무나 많습니다. 올바른 종교적인 제안에 지적으로 동의하기만 하면 하나님 나라의 백성이 될 것이라고 믿는 사람들이 우리 가운데 너무나 많습니다.
　우리는 단순히 올바른 신학을 가지면 하나님의 자녀가 된다고 가정하는 오류에 빠지기 쉽습니다. 그렇지만 그것은 사실이 아닙니다. 야고보서는 사단도 모든 올바른 존재를 믿는다고 말씀합니다. 정통신학을 가지고 있다고 해서 그리스도인이 될 수 있다면 사단은 가장 훌륭한 그리스도인일 것입니다. 게다가 사단은 성경의 진리들을 인정하고 떨기까지 합니다. 그는 복음주의적인 그리스도인이 믿어야 할 모든 것을 믿습니다.
　사단은 그리스도의 신성, 동정녀 탄생, 기적, 부활, 재림을 믿습니다. 그의 신학은 철저한 정통주의 신학입니다. 그는 즉석에서 성경말씀을 줄줄 인용할 수 있습니다. 그럼에도 불구하고 그는 여전히 하나님으로부터 분리되어 있고 하나님의 나라로부터 가장 멀리 떨어져 있습니다.

인생의 목적

　그리스도인이 된다는 것은 올바른 존재를 믿는 것보다 훨씬 더 많은 것을 의미합니다. 그리스도인이 된다는 것은 우리가 믿는다고 말하는 그분께 우리 자신과 우리가 가진 모든 것을 드리는 것입니다. 그것은 고통 받는 아이들의 육신을 입으신 예수님, 그 아이들 속에서 우리가 그분을 발견하고 그들 속에 있는 그분을 사랑하기를 기다리시는 예수님께 우리 자신을 아낌없이 드리는 것입니다.

　사단의 신학은 올바른 것일지 모르지만 그는 예수님을 사랑하지 않고, 살아 계신 예수님께서 우리가 사는 세상 속에 육신을 입고 나타나신 절박한 사람들의 필요를 채워주려고 하지 않습니다.

　미국에는 2,000만 마리의 애완견이 있습니다. 나도 몇 마리

> 그리스도인이 된다는 것은 올바른 존재를 믿는 것보다
> 훨씬 더 많은 것을 의미합니다.
> 그리스도인이 된다는 것은 우리가 믿는다고 말하는
> 그분께 우리 자신과 우리가 가진 모든 것을
> 드리는 것입니다.

가지고 있습니다. 우리는 그 2,000만 마리의 애완견 가운데 73%가 과체중이라는 사실을 인식해야만 합니다. 우리는 수백만 마리의 뚱보 개들이 안락한 미국의 가정집 안에서 뒤뚱거리고 있는 모습을 상상하며 터져 나오는 실소를 참고서 우리 자신에 대해 몇 가지 아주 진지한 질문들을 해봐야 합니다. 도대체 어떤 종류의 사람들이 아이티, 소말리아, 에티오피아의 아이들은 굶어죽도록 놔두고 애완동물에게 과식을 시키고 있습니까?

당신도 알다시피 그 아이들은 굶어죽어 가고 있습니다. 매일 밤 5억 명의 아이들이 고픈 배를 움켜쥐고 잠자리에 듭니다. 매일 밤 1만 명가량의 아이들이 영양실조로 사망합니다. 그리고 이런 모든 일이 일어나는 동안 부유한 미국인들은 그러한 현실에 대해 전혀 관심을 보이지 않습니다.

애완견이 먹이를 한 번 거르면 흥분하는 우리는 먹을 것이 전혀 없는 사람들의 고뇌는 완전히 무시합니다.

어느 날 저녁 나는 아이티 포르토프랭스에 있는 레스토랑에 식사를 하러 갔습니다. 나는 레스토랑 정면의 창가 테이블에 앉았

인생의 목적

습니다. 음식을 주문하고 조금 후에 음식이 나왔습니다. 음식에 포크를 막 찔러 넣으려고 하는 순간, 오른편을 돌아 보았을 때 어린 아이티 소년 네 명이 창문 밖에 서 있는 것을 발견했습니다.

그 아이들은 유리에 코를 들이박은 채 내 음식을 뚫어지게 바라보고 있었습니다. 내가 있는 것도 알아차리지 못하는 것 같았습니다. 아이들의 시선은 오로지 내 접시에 담겨 있는 음식에 고정되어 있었습니다.

아이들의 모습은 무척 더러웠고, 옷도 제대로 입지 못한 상태였습니다. 그들은 가족도, 돌봐주는 사람도 없는, 포르토프랭스 거리를 헤매고 다니는 수백 명의 아이들 중 일부였습니다. 가난에 찌든 사회의 버려진 아이들로, 아마 몇 년 안에 죽을지도 모를 일이었습니다. (아이티에서 태어난 아이들 가운데 거의 절반이 12세가 되기 전에 사망합니다.)

나는 당황해서 얼어붙었습니다. 웨이터가 곤경에 처한 내 모습을 보았습니다. 그는 얼른 내 테이블로 다가와서 창문 커튼을 내렸습니다. 그리고는 이렇게 말했습니다.

"저 애들한테 신경 쓰지 마십시오, 손님. 식사 맛있게 드십시오."

마치 내가 그 절망적인 아이들의 모습을 보고 나서도 음식을 맛있게 먹는 것이 가능하기라도 한 것처럼!

하지만 우리도 대개 그 웨이터처럼 행동하지 않습니까?

그저 커튼을 내려버리는 것으로 책임을 벗어던지지 않습니까?

그렇게 해서 세상의 굶주린 사람들을 차단해버리지 않습니까?

저 밖에는 그런 사람들이 수백만 명 있습니다. 부활하신 예수님께서 육신을 입고 오신 수백만 명의 사람들이 있습니다.

그들은 영양실조를 겪고 있고 질병에 대항할 힘도 없어 죽어가고 있습니다. 희망 없이 살고 있습니다. 도움을 전혀 받지 못한 채 살고 있습니다. 하지만 이러한 현실을 앞에 두고 우리는 풍요로운 생활을 계속 누리고 있습니다.

우리의 눈앞에 가려져 있는 그들이 극심한 고통 속에서 몸부

인생의 목적

림치고 있는 동안 우리는 식사를 하고 우유를 마시고 디저트를 먹습니다.

교회는 가난한 사람들의 필요에 응답하기 시작했지만 아직 주님께서 기대하시는 수준만큼은 아닙니다. 내가 보기에 교회가 목적과 존재 이유를 망각한 것 같습니다. 예를 들어 교회 지도자들은 미국 전역에 교회 건물을 세우는 데 1,800억 달러 이상을 썼습니다.

이 교회들은 대부분 일주일 가운데 주일 오전에 불과 몇 시간 동안만 사용되는 건물입니다. 나는 예수님께서 그 1,800억 달러를 건물을 세우는 데 쓰기를 원하셨을까, 아니면 세계의 굶주린 아이들을 먹이는 데 쓰기를 원하셨을까 묻지 않을 수 없습니다. 아이티와 에티오피아의 아이들이 가장 기본적인 것들을 공급받지 못해 죽어가는 동안 1,800억 달러를 건물에 처바르는 교회들에 대해 주님께서 어떤 말씀을 하실지 알고 싶습니다.

"나는 손으로 만든 전에 거하지 않는다"라고 말씀하신 바로 그분을 영화롭게 하기 위해 그 많은 돈을 건물 세우는 데 다 써버린다는 것은 정말 바보짓 같아 보입니다.

나는 교회가 우선순위를 바로잡아야 한다고 믿습니다. 교회의 일원인 우리는 교회가 섬김을 받고 선물을 받기 위해 존재하는 것이 아니라는 사실을 상기해야만 합니다. 교회는 섬기고 다른 사람들에게 자신을 주기 위해 존재하는 것입니다. 부유하신 예수님께서 우리를 위해 가난해지셨던 것과 마찬가지로 미국의 부자 교회들은 고통당하는 사람들을 위해 가난해져야만 합니다.

우리가 예수님께 드릴 수 있는 최고의 선물이 우리 형제자매들 중에 가장 작은 자를 섬기며 물질을 나누어 그들의 필요를 채워주는 삶을 사는 것임을 배워야만 합니다.

현재 우리가 교회에 바치는 헌금은 대부분 우리 자신에게 돌아오는 돈이라고 보면 틀림없을 것입니다. 우리는 교회 의자와 방석을 사서 거기에 앉습니다. 스테인드글라스로 창문을 장식하고서 그 아름다움을 감상합니다. 오르간과 성가대 가운을 구입해 장엄하게 울려 퍼지는 찬양을 즐깁니다. 그리고 목회자에

인생의 목적

게 생활비를 주어 우리 자신에게 영적인 양식을 먹이도록 합니다. 우리가 헌금 명목으로 내는 돈의 대부분은 결국 우리 자신의 유익을 위해 쓰입니다.

사람들은 흔히 말합니다.
"우리는 자신을 돌봐야 합니다. 그렇지 않으면 다른 어느 누구도 돌볼 수 없습니다. 다른 모든 사람의 필요를 돌볼 수 있기 전에 먼저 우리 자신의 필요부터 충족시켜야 합니다."
이러한 말에는 어느 정도의 진리와 논리가 있지만 예수님께서는 기꺼이 자기 생명을 버리려는 사람들만이 생명을 얻게 될 것이요, 기꺼이 죽으려는 사람들만이 살게 될 것이라고 말씀하셨다는 사실을 지적하고 싶습니다.
나는 예수님의 그러한 말씀이 개인들에게 적용될 수 있을 뿐 아니라 그리스도의 몸에도 적용될 수 있다고 전적으로 확신합니다. 자신을 기꺼이 버리려는 교회만이 자신을 찾게 될 것입니다. 기꺼이 죽으려는 교회만이 살아갈 능력을 얻게 될 것입니다. 자신의 자원을 가난하고 압제 받는 사람들에게 주는 교회만이 살아남을 것입니다.

　덴마크의 철학자이자 신학자인 쇠렌 키에르케고르는 코펜하겐의 대성당 안에 들어가 방석이 깔린 의자에 앉아 태양빛이 스테인드글라스 창을 통해 비쳐 들어오는 광경을 지켜보았던 경험을 묘사한 적이 있습니다. 그는 벨벳 가운을 입은 목사가 마호가니 강대상 뒤에 자리 잡고 금칠한 성경책을 펼쳐 은 책갈피로 표시를 해놓은 다음 "누구든지 내 제자가 되려거든 자기를 부인하고 자기 소유를 팔아 가난한 자들에게 주고 자기 십자가를 지고 나를 좇을 것이니라"라는 말씀을 읽는 모습을 보았습니다.
　키에르케고르는 그때의 상황에 대해 이렇게 말했습니다. "예배당 안을 둘러보았는데 웃음을 터뜨리는 사람이 아무도 없어서 경악했다."
　키에르케고르는 자신의 자원을 자신에게 쓰면서 동시에 예수님을 따르고 있다고 주장하는 종교 기관의 바보스러운 점을 우리에게 말하고자 했던 것입니다.
　예수님께서는 돌과 역청으로 지은 건물보다는 가난한 사람들에게 더 많은 관심을 가지셨는데 말입니다.

　내가 가장 좋아하는 이야기 가운데 하나는 정유공장에 견학을 갔던 한 남자에 관한 이야기입니다. 관광 가이드는 그에게 정유 공정의 다양한 단계와 그러한 공정이 이루어지는 작업장들을 보여주었습니다.
　관광이 끝날 무렵 남자는 가이드에게 간단한 질문을 합니다.
　"선적장은 어디 있나요?"
　"선적장이요? 무슨 선적장 말인가요?"
　가이드가 물었습니다.
　"이 정유소에서 생산한 모든 휘발유와 석유 제품이 전 세계 곳곳에서 사용될 수 있도록 출하하는 장소 말입니다."
　"아, 이해를 못하셨군요. 이 정유소에서 생산되는 모든 에너지는 이 정유소를 가동시키는 데 전부 사용됩니다."

　관광 가이드가 말했습니다.
　이런 이야기는 교회에 대한 적나라한 우화입니다. 나는 때때로 교회에서 생산되는 부와 에너지의 대부분이 부활하신 그리스도께서 육신으로 나타나려고 선택하신 사람들의 필요를 채워주는 데 사용되는 대신에 교회 자체만을 계속 돌아가게 하는 데에만 사용되고 있다는 느낌을 갖습니다.

하나님께서 가난한 사람들, 억눌린 사람들과 함께하시기 때문에 그분을 사랑하려는 사람은 누구나 그들을 사랑해야만 한다고 성경은 가르칩니다. 내가 부자들이 하늘나라에 들어가는 것을 어렵게 만들고 있다고 생각하신다면 낙타가 바늘귀로 들어가는 것보다 부자가 천국에 들어가는 것이 더 어렵다(막 10:25)고 처음 말한 사람이 내가 아니라는 것을 기억하십시오.

예수님께서 우리를 구원하셨을 때 그분은 고상하고 거룩한 목적을 위해 우리를 구원해주신 것입니다. 그분은 우리를 사용하셔서 다른 사람들의 필요를 채워주시려고 우리를 구원하셨습니다. 세상을 처음 창조하셨을 때 뜻하셨던 모습의 세상으로 변화시키는 일을 시작하시기 위해 우리를 구원하셨습니다.

그분은 그분의 사랑이 아픔을 당하는 세상 사람들의 삶 속으로 흘러 들어가게 하는 통로로 삼으시려고 우리를 구원해주신 것입니다. 예수님께서는 위대한 혁명의 공작원으로 삼으시려고 우리를 구원해주신 것입니다. 이 혁명은 이 세상 나라들이 하나님의 나라가 될 때 끝날 것입니다.

우리가 우리 구원의 목적을 깨달을 때, 예수님께서 도대체 왜 우리를 구원하셨는지 이해할 때, 우리는 우리 삶의 목적이 무엇인지를 알게 될 것입니다. 우리가 어떤 사람이 되어야 하는지, 또는 무엇을 이루어야 하는지 더 이상 의문이 없게 될 것입니다.
그리스도 안에 삶의 목적이 있습니다.
나는 그리스도의 복음을 부끄러워하지 않습니다. 복음을 통하여 나의 삶의 목적에 대한 필요가 충족되기 때문입니다.

CHAPTER 6

'나를 바꿔라' 복음으로!
소망

'나를 바꿔라' 복음으로!
소망

나는 그리스도의 복음을 부끄러워하지 않습니다. 절망 직전에 있는 모든 사람들에게 나는 목청껏 소리 지를 수 있기 때문입니다.
"오늘은 금요일입니다. 하지만 일요일이 오고 있습니다!"

나는 그리스도의 복음을 부끄러워하지 않습니다. 그리스도의 복음은 다른 모든 위대한 세계 종교들의 메시지와 가르침보다 우월하기 때문입니다. 다른 종교들에도 고상한 윤리적 가르침과 열심히 헌신하는 추종자들과 장엄한 예배의식이 있습니다.

그러나 오직 예수님만이 기쁜 삶에 필수적인 '낙관적인 마음'을 가질 수 있게 하는 참된 소망을 세상에 제공하십니다. 오직

나를 바꿔라

　기독교만이 악에 대한 선의 영광스러운 승리로 끝나는 인간 역사의 진행 과정을 명확히 제시하고 있습니다.
　조로아스터교를 신봉하는 사람들은 역사가 빛의 세력과 어둠의 세력 사이의 투쟁이라고 믿지만, 두 세력 가운데 어느 쪽이 궁극적인 승리를 거둘 것인가에 대해서는 아무런 확신이 없습니다. 불교는 이 세상이 끝없는 고통의 순환일 뿐이라고 가르치기 때문에 불교의 신봉자들은 오직 열반(涅槃)만을 바랄 수 있을 뿐입니다. 역사의 영역 밖에 있는 열반 속에서는 모든 의식이 소멸되고 개인의 정체성이 사라집니다.
　힌두교는 우리가 사는 세상이 기본적으로 비현실적이며 조만간 이 세상과 그 안에 있는 모든 것은 자신이 온 곳에서 브라흐마로 돌아가 우리가 있었던 흔적을 전혀 남기지 않을 것이기 때문

> 오직 성경의 메시지만이 우리에게
> 인류 역사는 어떤 바보가 들려주는 이야기가 아니고
> 하나님께서 세우신 위대한 계획이
> 목적 있게 펼쳐지는 장이며,
> 그 계획은 그분의 나라가 하늘에서처럼
> 땅에서도 세워지는 것으로 끝날 것이라는
> 굳은 확신을 줍니다.

에 역사는 아무런 의미가 없다고 우리에게 확신시킵니다. 오직 성경의 메시지만이 우리에게 인류 역사는 어떤 바보가 들려주는 이야기가 아니고 하나님께서 세우신 위대한 계획이 목적 있게 펼쳐지는 장이며, 그 계획은 그분의 나라가 하늘에서처럼 땅에서도 세워지는 것으로 끝날 것이라는 굳은 확신을 줍니다.

오늘날의 세계 상황을 고려할 때 인류 역사의 미래에 대해 어떻게 그렇게 계속 낙관적일 수 있느냐고 묻는 사람들이 많습니다. 사회 과학 분야의 동료들 가운데는 비관적인 예언자들이 수두룩합니다.

세계 인구의 기하급수적인 증가로 인해 전 인류는 최저 생계의 수준으로 전락하게 되고, 지구상의 가용한 자원과 식량은 고갈되어서 인류의 생존을 위협할 것이라는 증거를 제시하는 인구학자들도 있습니다. 또한 공기를 엄청나게 오염시킴으로써 암을 일으키는 위험한 광선들을 걸러내는 오존층을 파괴하고 있기 때문에 대량의 적외선과 자외선이 인류의 생존을 불가능하게 하는 것은 시간문제일 뿐이라고 지적하는 생태학자들도 있습니다.

이러한 생태학자들은 더 나아가 인류가 대양을 엄청나게 오염시킴으로써 특정 해양 생물의 생명 유지뿐만 아니라 인간이 호흡하는 산소의 생산에도 필수적인 플랑크톤을 파괴하고 있다고 경고합니다. 핵무기에 의한 대량살상의 가능성을 경고하는 정치학자들도 있습니다. 그리고 서구 세계의 법과 질서가 총체적으로 붕괴되어서 최악의 경우에는 인류가 야만적인 상태로 전락할 것이고 또 한 번의 암흑기를 맞게 될 것이라고 예견하는 범죄학자들도 있습니다.

이러한 온갖 예견들 앞에서도 나는 하나님의 나라가 임할 것이라는 낙관적인 소망을 여전히 확신합니다. 세상은 인구 과잉, 생태 재난, 핵 대량살상, 법과 질서의 붕괴, 또는 언론을 통해 때때로 제시되는 다른 어떤 재난들에 의해서도 파괴되지 않을 것입니다. 우리 그리스도인들은 이러한 모든 나쁜 소식들 앞에서 하나님의 좋은 소식을 선포하는 자들입니다. 우리는 모든 피조물이 비록 지금까지 탄식하며 고통하고 있기는 하지만 궁극적으로 구원이 이루어질 것이고, 하나님께서는 그분의 피조물을 보존하사 영화롭고 완전하게 하셔서 그분의 영광을 얻게 하신다(롬 8:21~28)는 사실을 전적으로 확신하는 사람들입니다.

세상은 어떤 사람들이 주장하는 것과 같이 대폭발로 끝나지 않을 것이고, 유명한 영국 시인인 엘리어트(T. S. Eliot)의 말대로 흐느낌으로 끝나지도 않을 것입니다.

요한계시록 11장 15절은 세상이 이렇게 끝날 것이라고 우리에게 말해줍니다.

> "세상 나라가 우리 주와 그 그리스도의 나라가 되어 그가 세세토록 왕 노릇하시리로다."

할렐루야! 할렐루야!

전후 가장 중요한 신학자들 중 한 명인 고(故) 오스카 쿨만(Oscar Cullmann)은 미래를 성경적으로 전망하는 데 도움이 되는 예화를 제시했습니다.

제2차 세계대전의 경험에서 아이디어를 얻은 쿨만은 우리에게 디데이(D-Day)와 브이데이(V-Day)의 중요성을 상기시켜

주었습니다. 우리 가운데 1940년대에 살았던 사람들은 연합군이 영국 해협을 건너 노르망디 해안에 상륙했던 그 중대한 날을 기억합니다.

나치 군대는 프랑스의 해안 교두보를 따라 진을 치고서 연합군을 바다로 퇴각시키려고 애를 썼습니다. 나치 군대는 그날 승리하는 편이 결국 전쟁에 승리하게 되리라는 사실을 알았습니다. 연합군은 유럽의, 어쩌면 세계의 운명이 그 전투의 첫 24시간 안에 일어나는 일로 결정될 것이라고 확신했습니다.

역사를 공부한 학생들은 연합군이 교두보를 확보해서 그곳을 발판으로 진군함으로써 나치에게 점령당했던 유럽을 되찾았다는 사실을 알고 있습니다. 하지만 나치에 대한 최후의 승리가 현실이 되기까지는 디데이 이후에도 여러 달 동안의 전투와 살육이 뒤따라야 했습니다.

노르망디 해변에서의 대승리 후에 이어진 고통스러운 투쟁은 수백만 명의 목숨을 앗아갔습니다. 디데이 이후에 그 이전보다 더 많은 폭격과 파괴가 이어졌습니다. 그러나 디데이가 지난 다

소망

음부터는 승리가 연합군에게 돌아가리라는 사실에 의문을 품은 사람은 아무도 없었습니다. 디데이가 지난 후 롬멜 장군이 히틀러를 암살하려는 음모에 가담한 것도 바로 그런 이유 때문입니다. 그는 디데이에 결정적인 전투에서 졌기 때문에 제3공화국 전체가 무너져 내리는 것은 시간문제라는 사실을 알았던 것입니다.

연합군은 악전고투하며 무수한 반격을 당했는데, 그 중에서도 가장 끔찍한 것은 벌지 대전투였습니다. 그러나 연합군 병사들은 승리가 자신들의 차지가 될 것이라는 사실에서 눈을 떼지 않았습니다. 가장 의기소침한 순간에도 그들은 적의 항복이 시간문제일 것이라는 사실을 의식하고 있었습니다.

디데이에 치러진 결정적인 전투로 인해 그들은 가장 절망적인 상황의 한가운데에서조차 단순히 바라는 마음을 초월하는 확고한 소망을 가질 수 있었습니다. 장차 브이데이가 반드시 올 것이라는 사실을 알고 있었습니다.

쿨만은 그리스도인들 역시 디데이와 브이데이 사이에 살고 있다는 것을 깨달아야 한다고 강조합니다. 하나님의 디데이 전투는 2000년 전 갈보리 산 위에서 벌어졌습니다. 그곳에서 아들 예수 그리스도를 통하여 그분의 잃어버린 창조 세계로 들어오신 하나님께서는 우주 역사상 가장 중대한 전투에서 무시무시한 어둠의 세력과 맞서야 하셨습니다. 그 끔찍한 금요일이 끝났을 때 세상 주인 마귀가 승리하고 영광의 왕자는 패배하여 빌린 무덤 속에 봉해진 것처럼 보였습니다. 그러나 그날은 금요일이었습니다.

무덤에 묻히신 지 3일 만에 예수님께서는 무덤을 막은 돌을 굴려내시고 승리자 그리스도가 되셨습니다. 그분은 어둠의 세력들을 궤멸시키셨습니다.

하나님의 디데이에 그 결정적인 전투가 치러지고 승리를 거두었지만 그분의 브이데이는 아직 오지 않았다는 것을 깨달아야만 합니다. 그분의 브이데이는 사단이 묶여서 불 못에 던져지는 날입니다. 그분의 브이데이는 주님께서 돌아오셔서 그분이 창조하신 세계의 공인된 왕이 되시는 날입니다. 예수님께서는 태양이 계속 운행하는 곳 어디에서나 통치하실 것입니다. 모든 적들을

소망

짓밟으실 것입니다. 그리고 마침내 모든 무릎이 그분 앞에 꿇게 될 것이며 모든 혀가 그분을 만유의 주로 고백하게 될 것입니다.

하나님께서는 그분이 오실 때 세우실 완전한 세계를 창조하기 시작하셨습니다. 그분은 우리 안에, 그리고 우리를 통하여 지금 이곳에 그 세상을 창조하기 시작하셨습니다. 그분은 우리를 통하여 혁명을 수행하기를 원하시며, 그분이 우리 안에서 시작하신 선한 일이 그분이 영광 가운데 돌아오실 때 최종적인 열매를 맺게 될 것이라고 우리에게 확신시켜 주십니다. 우리 안에서 그분은 한 역사를 펼치기 시작하셨고, 그것을 통해 가난을 제거하시고 인종차별과 성차별을 철폐하시고 새롭고 정의로운 사회 질서를 확립하실 것입니다. 그 나라는 우리 가운데서 이미 확장되고 있는 중입니다. 우리는 앞으로 될 일의 첫 열매들입니다.

이 믿기지 않을 만큼 좋은 소식을 믿지 않으려는 사람들이 있습니다. 그들은 우리를 비웃으며 말합니다.

"누구를 놀리는 거요? 세상은 언제나 엉망일 거요. 당신은 아무것도 바꿀 수 없어요. 이 세상에는 아무런 희망이 없소."

나를 바꿔라

이 사이비 지식인 냉소주의자들에게 나는 이렇게 대답해줄 것입니다.
"나는 지금껏 성경을 읽어왔습니다. 나는 성경이 어떻게 끝나는지 보려고 마지막 장을 미리 훔쳐보았지요. 예수님의 승리로 끝납니다!!!!!!"

나는 웨스트 필라델피아에 있는 흑인 교회에 소속되어 있습니다. 수십 년 동안 그 교회의 일원이었습니다. 내게 갈멜산 침례교회는 이 땅에서 천국에 가장 가까이 있는 곳입니다. 나는 수많은 회중에게 설교를 하지만 다른 어떤 청중도 우리 교회의 교인들만큼 나를 신바람 나게 해주는 사람들도 없다는 사실을 말하지 않을 수 없습니다. 우리 교회 성도들은 나의 설교를 들으며 언제나 내가 어떻게 하고 있는지 알려줍니다. 내가 잘하든 못하든 간에 그들은 나의 메시지를 들으며 느끼는 것을 내게 알려줍니다.
한번은 내가 설교를 하고 있을 때 아무 반응도 일어나지 않고 있는 것이 느껴졌습니다. 하나님의 역동적인 힘이 전혀 임하지 않는 것처럼 보였습니다.

소망

나는 다른 목사들이 고전하는 것처럼 고전하고 있었습니다. 도무지 아무런 성과도 없는 듯했습니다. 내가 준비한 설교의 약 4분의 3가량을 진행했을 때 뒷줄에 있던 어떤 여인이 고함을 질렀습니다.

"도와주세요, 예수님! 도와주세요, 예수님!"

그 일만으로도 그날 설교가 제대로 풀리지 않았음을 알 수 있었습니다.

반면 설교자가 정말로 '잘 나갈' 때에도 교인들이 설교자에게 알려줍니다. 집사님들이 강대상 바로 앞쪽에 앉아서 설교자가 특별히 감동적인 말을 할 때마다 소리를 질러 설교자를 응원합니다.

"아멘, 아멘! 할렐루야! 아멘!"

그들이 그렇게 하면 나는 더 열정적으로 메시지를 외치고 싶어집니다!

우리 교회 여성들은 설교자가 '잘하고' 있을 때 특별한 반응을 나타냅니다. 그들은 보통 허공에 한 손을 들고 흔들면서 설교자를 향해 소리칩니다.

"아멘, 아멘!"

그들이 그렇게 할 때마다 나의 호르몬은 마구 분출됩니다.

하지만 그것이 전부가 아닙니다. 내가 정말 잘하고 있을 때면 남성들도 "할렐루야! 아멘, 아멘! 주님!" 하고 소리치며 격려합니다. 나는 설교자가 백인 회중으로부터는 이런 종류의 반응을 절대로 얻을 수 없다고 자신 있게 말할 수 있습니다. 백인들은 절대로 "할렐루야! 아멘!" 하고 소리 지르지 않습니다. 오히려 백인들은 손목시계를 보면서 "그만! 그만!" 하고 중얼거리기 십상입니다.

어느 금요일에 일곱 명의 설교자가 잇따라 설교를 하게 되었습니다. 내가 설교할 차례가 되었습니다. 나는 설교가 술술 풀려 정말 잘하고 있었습니다. 설교를 하면 할수록 회중 가운데 점점 더 많은 사람들이 '은혜를 받았고,' 더 많은 사람들이 '은혜를 받을수록' 설교도 더 잘 풀렸습니다. 너무나 설교가 잘 된 나머지 내가 내 설교를 받아 적고 싶을 정도였습니다! 설교가 끝날

소망

무렵이 되자 회중은 열광했습니다.

　나는 곳곳에서 터져 나오는 "할렐루야!" 소리와 기뻐 외치는 소리를 듣고 완전히 흥분했습니다. 설교를 마치고 우리 목사님 옆에 앉자 그는 미소를 지으며 나를 바라보았습니다. 목사님은 손을 아래로 뻗쳐 내 무릎을 꽉 쥐면서 말했습니다.

　"정말 잘했네!"

　나는 그분에게 고개를 돌리고 물었습니다.

　"목사님, 저보다 잘 하실 수 있겠어요?"

　그 노인은 내게 미소를 지으며 말했습니다.

　"앉아서 보고 있게. 이 늙은이가 자네 코를 납작하게 만들 테니 말이야."

　나는 그날 누가 내 코를 납작하게 할 수 있으리라고는 생각도 못했습니다. 내가 워낙 설교를 잘했기 때문에…. 하지만 그 노목사님이 그날 내 코를 납작하게 만들었다는 사실을 고백합니다. 정말 놀라운 것은 단 한 마디 말로 그렇게 했다는 사실입니다. 한 시간 반 동안 그분은 한 마디를 거듭거듭 반복해서 설교했습니다. 한 시간 반 동안 그분은 단 한 마디 말로 청중을 사로

잡았습니다. 그 말은 한 번에 감동을 주는 말은 아니었는지 몰라도 그분이 그 말을 하는 솜씨가 일품이었습니다. 그분은 부드러운 음성으로 설교를 시작했습니다.

"그날은 금요일이었습니다. 그날은 금요일이었습니다. 그리고 그날 예수님께서 나무에 달려 돌아가셨습니다. 하지만 그날은 단지 금요일이었습니다. 일요일이 오고 있었습니다!"

집사들 중 한 명이 소리를 질렀습니다.
"할렐루야! 아멘!"
그 목사님은 점점 더 큰 소리로 외쳤습니다.
"그날은 금요일이었습니다. 마리아는 눈이 퉁퉁 붓도록 울었습니다. 제자들은 목자 잃은 양 떼처럼 사방으로 달아났습니다. 그러나 그날은 금요일이었습니다. 일요일이 오고 있었습니다!"
청중들은 그 메시지를 알아듣기 시작했습니다. 여자 성도들은 허공에 손을 흔들며 부드러운 음성으로 "아멘, 아멘!" 하고 외쳤습니다. 남자 성도들 가운데 일부는 소리를 질렀습니다.

소망

"할렐루야! 아멘, 아멘! 주님!"

그 설교자는 계속했습니다. 그는 목소리를 한층 더 높여 소리쳤습니다.

"그날은 금요일이었습니다. 냉소주의자들은 세상을 바라보며 말했습니다. '만물이 지금까지 그래왔던 것처럼 앞으로도 그럴 것이다. 우리는 이 세상에서 아무것도 바꿀 수 없다. 우리는 아무것도 바꿀 수 없다.' 하지만 그 냉소주의자들은 그날이 단지 금요일이었다는 사실을 몰랐습니다. 일요일이 오고 있다는 사실을 몰랐습니다!

그날은 금요일이었습니다! 그리고 금요일에는 가난한 사람들을 억압하고 가난한 자들을 고통스럽게 하는 세력들이 권세를 쥐고 있었습니다. 그러나 그날은 금요일이었습니다. 일요일이 오고 있었습니다!

그날은 금요일이었습니다. 그리고 그날에 빌라도는 손을 씻음으로써 책임에서 벗어난 줄로 생각했습니다. 바리새인들은 활보하며 웃으며 서로의 옆구리를 쿡쿡 찔러댔습니다. 그들은 자기들이 모든 권세를 되찾았다고 생각했습니다. 그러나 그들은 그날이 단지 금요일이었다는 사실을 몰랐습니다! 일요일이 오고 있었습니다!"

그는 한 문구를 가지고 반시간, 한 시간, 한 시간 15분, 한 시간 반 동안 설교를 계속했습니다. 그는 몇 번이고 되풀이하여 외쳤습니다.

"오늘은 금요일입니다. 하지만 일요일이 오고 있습니다!"

그분이 메시지를 끝낼 무렵 나는 녹초가 되었습니다. 그분은 나와 모든 사람들을 너무나 흥분시켰기 때문에 우리 가운데 어느 누구도 더 이상 오래 견뎌낼 것 같지 않았습니다. 그분은 설교를 끝내면서 목청껏 고함을 질렀습니다.

"오늘은 금요일입니다!"

그러자 그 교회에 모여 있던 교인 500명 모두가 한 목소리로 화답했습니다.

"하지만 일요일이 오고 있습니다!"

그것이 복된 소식입니다. 그것이 바로 세상이 기다리는 말씀입니다. 그것이 바로 우리가 세상에 나가서 세상 사람들에게 말해주어야 하는 소식입니다. 그들이 심리적으로 위축되어 있을

소망

때, 우리는 그들에게 일요일이 오고 있다고 말해주어야 합니다. 그들이 절대 다시는 사랑을 알 수 없을 것처럼 느낄 때, 우리는 그들에게 일요일이 오고 있다고 말해주어야 합니다.

그들이 기적에 대한 믿음을 잃어 하나님께로부터 임할 위대한 일들을 더 이상 기대하지 않을 때, 우리는 그들에게 일요일이 오고 있다고 말해주어야만 합니다.

우리는 경제적인 불공평과 정치적 억압으로 고통 받고 있는 세상으로 가서 그들에게 일요일이 오고 있다고 말해주어야만 합니다. 세상은 5백만 명의 굶주린 사람들로 가득할지도 모릅니다. 지구의 절반이 공산주의 정권의 폭정 아래 놓여 있을지도 모릅니다. 라틴아메리카에서 독재자들이 득세해서 사람들이 자신의 권리를 빼앗기고 희망이 공격 받는 것을 보게 될지도 모릅니다. 그러나 나는 그리스도의 복음을 부끄러워하지 않습니다. 절망 직전에 있는 모든 사람들에게 나는 목청껏 소리 지를 수 있기 때문입니다.

"오늘은 금요일입니다. 하지만 일요일이 오고 있습니다!"

나를 바꿔라

지 은 이	토니 캠폴로
옮 긴 이	임창우
발 행 인	김용호
발 행 처	나침반출판사

발 행 일	2007년 12월 10일 발행

등 록	1980년 3월 18일 / 제 2-32호
주 소	110-616 서울 광화문 사서함 1641호
전 화	본 사 (02)2279-6321~3
	영업부 (031)932-3205
팩 스	본 사 (02)2275-6003
	영업부 (031)932-3207

홈 페 이 지	www.nabook.net
이 메 일	nabook@korea.com
	nabook@nabook.com

ISBN 978-89-318-1372-2
책번호 가-3091

값은 뒷표지에 있습니다.

나침반출판사는 우리를 구원하신 아름다운 주님을
21세기 문명의 이기(利器)를 통하여 널리 전하고 싶습니다.